Emily Hahn

# SHANGHAI
## *Magie*

## Reportagen aus dem New Yorker

Aus dem Amerikanischen übersetzt,
herausgegeben und mit einem Vorwort
von Dagmar Yu-Dembski

edition ebersbach

# Inhalt

Der Bund, Shanghais berühmte Promenade, Ansicht vom Huangpu
vorherige Doppelseite: der Bund, im Hintergrund das Apartmenthaus
Mansion Building

# Vorwort

Shanghai 1935. An einem dunstigen Frühlingstag Ende April verlassen zwei hinreißende Amerikanerinnen das schäbige Postschiff, das sie von Japan nach China gebracht hat. Die dreißigjährige Emily Hahn begleitet ihre ältere Schwester Helen nach Asien, um über die gescheiterte Beziehung zu einem verheirateten Drehbuchautor aus Hollywood hinwegzukommen. Kein anderer Ort der Welt ist dazu besser geeignet als Shanghai, diese kosmopolitische Stadt mit ihren Tanzsalons, Clubs und Cafés. Shanghai ist das »Paris des Ostens«, das fernöstliche Sündenbabel, die pulsierende Metropole, in der das Leben nie zur Ruhe kommt. Hier mischen sich die Kulturen, prallen traditionelle Moralvorstellungen und westliche Freizügigkeit, Dekadenz und Fortschritt aufeinander. Shanghai zieht die unterschiedlichsten Menschen in seinen Bann: Abenteurer, Revolutionäre, Geschäftsleute, Künstler.

Als Emily Hahn in Shanghai chinesischen Boden betritt, eilt ihr der Ruf einer verwegenen Abenteurerin und leidenschaftlichen Rebellin voraus. Sie ist 2400 Meilen mit dem Auto über Land gefahren, hat als Ingenieurin unter lauter Männern in einem Bergwerksunternehmen gearbeitet und in Afrika zwei Jahre mit Pygmäen zusammengelebt. Mit ihren Reportagen für den *New Yorker* hat sie sich

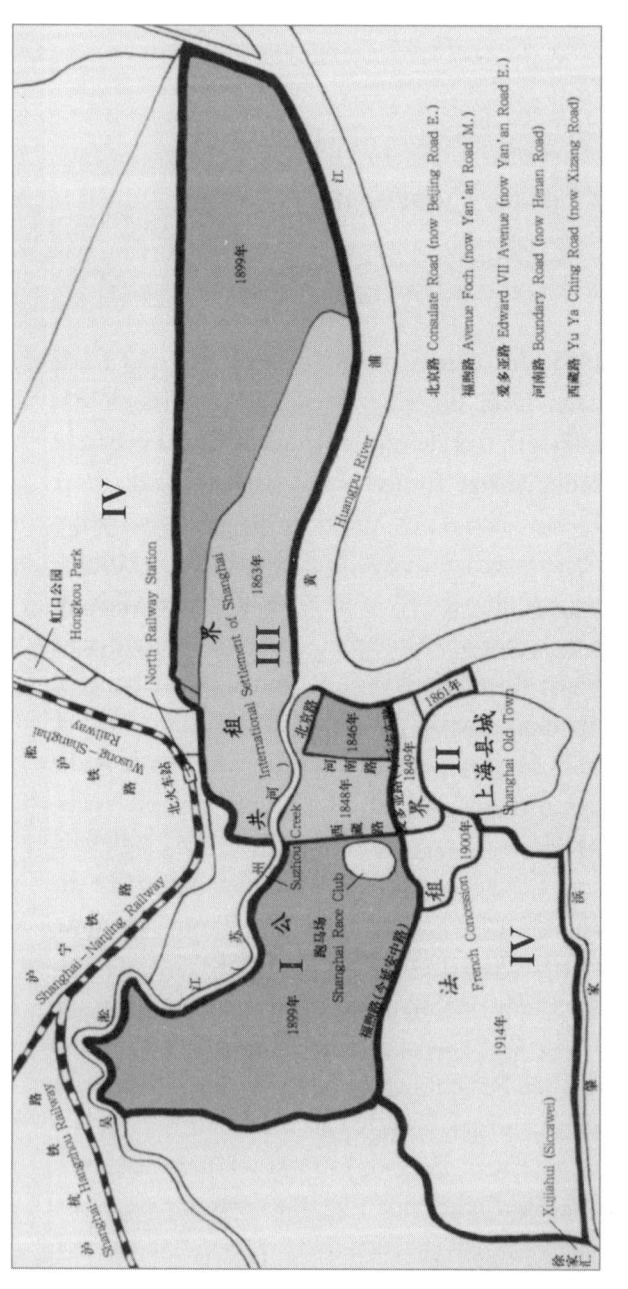

Die Konzessionsgebiete:

I Französische Konzession    II Chinesische Altstadt    III Internationale Niederlassung    IV Wohngebiet der Chinesen

北京路 Consulate Road (now Beijing Road E.)
福熙路 Avenue Foch (now Yan'an Road M.)
爱多亚路 Edward VII Avenue (now Yan'an Road E.)
河南路 Boundary Road (now Henan Road)
西藏路 Yu Ya Ching Road (now Xizang Road)

längst einen Namen gemacht. China interessiert sie nicht besonders. Noch in New York hatte Mickey, wie sie von der Familie und ihren Freunden genannt wird, Helens Reiseplänen nur halbherzig zugestimmt. »China ist protzig. China ist rot und gelb und groß. Alles, was ich nicht mag.« Sie will nur zwei Wochen bleiben, dann das nächste Schiff besteigen und in ihr geliebtes Afrika fahren. Doch noch ehe ihre Schwester im Juni nach Amerika zurückkreist, hat sie einen Job bei der *North China Daily News* angenommen und eine billige Wohnung gemietet, die mitten in der Stadt im Erdgeschoss eines chinesischen Bankgebäudes liegt. Durch die verschmutzten Fensterscheiben blickt man direkt auf das geschäftige Treiben ringsum: zerlumpte Bettler, vorbeihastende Passanten und Nachtschwärmer auf dem Weg zu den Clubs und Bordellen im berüchtigten Rotlichtviertel. Dies ist Mickeys Stadt. Shanghai ist wie sie – exzentrisch und vital. Sie liebt dieses Leben, auch wenn sie die politischen Spannungen spürt. Es ist eine schwierige Zeit.

In den dreißiger Jahren ist Shanghai in drei größere Stadtgebiete unterteilt: dem Internationalen Settlement, der Französischen Konzession und dem Teil, in dem hauptsächlich die chinesische Bevölkerung lebt. In der Stadt an der Mündung des Yangtse-Flusses, der hier Huangpu heißt, leben neben den sechs Millionen Chinesen auch fast 60.000 Ausländer. Nach den sogenannten Opiumkriegen Mitte des 19. Jahrhunderts haben die Kolonialmächte ihre Handelsinteressen durchgesetzt und Konzessionsgebiete für ihre Niederlassungen eingerichtet. Während Briten und Amerikaner die Gebiete nördlich und südlich des Suzhou Creek, einem Nebenfluss des Yangtse, als Internationales Settlement zusammengeschlossen haben, hat Frankreich

oben: Wohnviertel chinesischer Arbeiterfamilien
linke Seite: Die Einkaufsstraße Nanking Road

seine Konzession rings um die chinesische Altstadt eingerichtet und weiter nach Süden ausgeweitet. Auch Japan hat
nach dem gewonnen Krieg 1895 seinen wirtschaftspoli-
tischen Einfluss in der Stadt ausgebaut. Die ausländischen
Nationen besitzen exterritoriale Rechte und bestimmen
gemeinsam über den Municipal Council die politischen
Geschicke Shanghais. Innerhalb von hundert Jahren hat
sich das einstige Fischerdorf zu einer der wichtigsten Han-
delsmetropolen entwickelt. Der rasche Aufstieg hat jedoch
soziale Spannungen und politische Auseinandersetzungen
zur Folge. Der Gegensatz von Arm und Reich nimmt ständig zu, und die Weltwirtschaftskrise hat den chinesischen
Dollar extrem abgewertet. Im Schutz der Exterritorialität
war 1921 in Shanghai die Kommunistische Partei gegründet worden, sechs Jahre später hatte Tschiang Kai-schek,
Präsident der Nationalregierung, hunderte Kommunisten
verhaften und hinrichten lassen. Die Auseinandersetzungen zwischen den Anhängern der KP und der Nationalpartei haben sich weiter verschärft. Nach dem Einmarsch
der Japaner 1931 in den industrialisierten Norden sind
Zehntausende vor der japanischen Armee geflohen. Im
ganzen Land hat sich der antijapanische Widerstand entwickelt: Japanische Waren werden boykottiert, chinesische
Banken weigern sich japanische Frachtbriefe einzulösen,
und die Handelsgüter japanischer Schiffsladungen stapeln
sich im Hafen. Der Boykott und die antijapanischen Aktionen wirken sich auf die 20.000 Japaner in Shanghai aus,
schließlich auch auf die Amerikaner und Briten, die mit
ihrer Internationalen Niederlassung einen Teil des Stadtgebiets kontrollieren und gemeinsam mit den Franzosen
die Stadtregierung bilden. Es kommt zu Übergriffen gegen

die Ausländer. Im Januar 1932 eskalieren die Auseinandersetzungen, und die japanische Luftwaffe bombardiert wochenlang das Hafenviertel jenseits des Suzhou Creek. Nach längeren Verhandlungen werden die japanischen Streitkräfte im März abgezogen. Allerdings bleiben 2500 Marinesoldaten in der Stadt, und es drohen unterschwellig erneut militärische Auseinandersetzungen. Nach der offiziellen Kriegserklärung 1937 besetzen die Japaner große Teile der Stadt. Bei ihrer Ankunft in Shanghai ahnt die junge Amerikanerin nicht, dass sie bald in die politischen Konflikte miteinbezogen werden wird.

Emily Hahn kommt im Januar 1905 als zweitjüngstes Kind in St. Louis (Massachusetts, USA) zur Welt, in einem gutbürgerlichen Viertel, in dem vor allem irische und deutsche Einwanderer eine neue Heimat gefunden haben. Auch ihre Eltern, Hannah und Isaac Hahn, sind jüdische Einwanderer aus Deutschland. Die Mutter ist eine starke Frau mit klaren Vorstellungen vom Leben, die mit ihrer zweitjüngsten Tochter von sechs Kindern ein Leben lang eine besonders enge, aber auch konfliktreiche Beziehung haben wird. Die ersten Probleme entstehen bereits, als die Familie 1920 die ruhige Kleinstadt verlässt und in das laute, schmutzige Chicago zieht. Mickey rebelliert, sie vermisst ihre Freunde. Niemand hat sie gefragt, ob sie fortziehen will. Nach einer der üblichen Auseinandersetzungen mit ihrer Mutter läuft die Fünfzehnjährige davon. Von nun an wird sie immer weiter weg und nirgends wirklich bleiben wollen. Mit ihren Briefen und Geschichten über ihr abenteuerliches Leben hält sie den Kontakt zur Familie. Sie möchte Bildhauerin werden und beginnt ein Kunststudium. Als sie sich auch für Vorlesungen am College für

Ingenieurwesen einschreiben will, wird sie abgelehnt. Man erklärt ihr, sie brauche sich gar nicht erst zu bewerben, da sie sowieso keinen Abschluss schaffen würde, denn Frauen besäßen kein Verständnis für mathematische und mechanische Zusammenhänge. Mickey beweist das Gegenteil: Als erste Frau überhaupt schließt sie das Ingenieurstudium ab. Sie arbeitet für ein Bergbauunternehmen in Illinois und eine Zeit lang auch als Reiseführerin in New-Mexiko. Sie liebt das ungebundene Leben in dieser Männerwelt, in der sie fluchen und reiten lernt, Zigarren raucht und trotz der Prohibition Unmengen an Schnaps trinkt. Sie hat zahlreiche Verehrer, die jedoch immer wieder von ihrem unangepassten Verhalten abgeschreckt werden. Sie ist kein nettes Mädchen, nicht unterwürfig und nicht sittsam. Mickey will keine brave Ehe- und Hausfrau sein.

Nach dieser ziellosen und, wie sie später selbst findet, vergeudeten Zeit zieht sie 1928 zu ihrer Schwester Helen nach New York und beginnt mit Unterstützung der Eltern, die nun auf Ordnung in Mickeys Leben hoffen, ein Literaturstudium. New York ist aufregend und Emily Hahn findet rasch Zugang zur Künstlerszene, wo sie auf ausschweifenden Partys ehrgeizige junge Schriftsteller, Fotografen und Maler trifft. Sie beschließt, ihre kreativen Fähigkeiten ernster zu nehmen und ihren Lebensunterhalt als Autorin zu verdienen. Ihr Schwager, der Mann ihrer älteren Schwester Dorothy, schickt einige ihrer Briefe, die sie aus New York geschrieben hat, an ein Magazin. Der *New Yorker*, der 1925 für eine städtische Leserschaft gegründet wurde, muss sich erst durchsetzen, und so erhalten junge Autoren eine Chance. Der elegante, oft ironische Stil ihrer Geschichten wird von der kultivierten Metropolengesellschaft geschätzt. In Emily Hahns bewegtem Leben wird die Arbeit für den *New Yorker* der ruhende Pol sein. Seit der Veröffentlichung ihrer Texte 1929 fühlt Mickey sich als »richtige Schriftstellerin«, nun gehört sie zu New Yorks Bohème – und lebt dementsprechend. Sie trifft ihre Künstlerfreunde in den angesagten Cafés und Kneipen, wo sie mit ihrem Kapuzineräffchen Punk auf der Schulter Aufsehen erregt. Trotz dieses ersten literarischen Erfolgs fühlt sie sich hin- und hergerissen zwischen dem Wunsch zu schreiben und der Sehnsucht die Welt zu erkunden.

1930 ist Mickey in London, wo sie für das Buchprojekt eines Freundes in der Bibliothek recherchiert. Gleichzeitig beendet sie ihr erstes Buch, einen nicht ganz ernst gemeinten Ratgeber zur Kunst des Verführens für Anfänger. Es ist die Mischung aus eigenem Erleben und liebevoll-ironischer Weltsicht, die ihren besonderen Stil ausmacht. Nach der langen Zeit am Schreibtisch zieht es sie wieder hinaus. Ende des Jahres reist sie nach Belgisch-Kongo, wo ein Freund ein Rotes Kreuz-Camp leitet. Da sie kaum Geld hat, verzichtet sie auf eine aufwändige Tropenausrüstung. Neben einer Grundausstattung an Medikamenten, Schreibpapier und einigen Büchern nimmt sie auch eine Bibel mit. Scherzhaft meint sie: Damit man sie mir aufs Herz legt, falls ich irgendwo aufgefunden werde. Zwei Jahre bleibt sie in Afrika und lebt in einer einfachen Holzhütte bei einem Pygmäenvolk. Sie kümmert sich um einen kleinen Waisenjungen und schreibt über ihre Erlebnisse, die sie 1933 unter dem Titel *Congo Solo: Misadventures Two Degrees North* veröffentlicht.

Kaum in China angekommen, ist Emily Hahn strahlender Mittelpunkt des Shanghaier Gesellschaftslebens. Eine

17

Geschäftiges Treiben am Kaufhaus Sincere

langjährige Freundin der Familie führt sie in die Kunst- und Theaterszene ein. Bernadine Fritz hat durch die Ehe mit einem reichen Finanzmakler die Möglichkeit erhalten, ein internationales Laientheater zu gründen und einen literarischen Salon zu führen. Auf ihren glanzvollen Abendgesellschaften trifft sich alles, was in der Stadt Rang und Namen hat: Diplomaten, Journalisten, Bankiers, Manager und Unternehmer. Emily Hahn ist bald das Tagesgespräch der ausländischen Community und ständiger Gast in den Klatschspalten der Presse. Sie trägt das leicht lockige Haar in einem kurzen Bubikopf und begegnet den Blicken der Männer mit der sinnlichen Ausstrahlung einer Frau, die ihre Auftritte genießt und voller Vitalität alles Neue aufnimmt. Auch Victor Sassoon interessiert sich für diese aufregende Amerikanerin. Der stets elegant gekleidete Geschäftsmann

Die Rennbahn von Shanghai

ist nicht nur in Shanghai eine beeindruckende Persönlichkeit. Er stammt aus einer sephardisch-jüdischen Kaufmannsfamilie aus Bagdad, die ihr Vermögen im Baumwoll- und Opiumhandel erworben hat. Eine Zeit lang hat er in der British Air Force gedient und in Shanghai nun ein Imperium aus Immobilien und Unternehmen aufgebaut, zu dem diverse Hotels, Kinos, Theater und das legendäre Cathay-Hotel direkt an der Uferpromenade, dem Bund, gehören. Gern umgibt er sich mit den hübschesten Frauen der Stadt. Neben seinen Rennpferden widmet er sich leidenschaftlich dem Fotografieren. Von den beiden Hahn-Schwestern fertigt er Portraits an, und Mickey, die sich immer gegenüber ihrer Schwester Helen zurückgesetzt fühlt, ist stolz, als er von ihr auch Aktaufnahmen macht. Als Victor Sassoon ihr einen amerikanischen Sportwagen

links: Shao Xunmei, Emily Hahns
fotogener Freund
rechte Seite: Die Schwestern Helen
und Emily Hahn (rechts)

schenkt, munkelt die ganze Stadt, dass Mickey ein Verhältnis mit ihm hat. Doch die Amerikanerin kümmert sich nicht um das Gerede. Sie ist zu lebenslustig und neugierig, um sich auf den Partys der ausländischen Community zu langweilen. Selbst im Shanghai der dreißiger Jahre sind Chinesen aus dem gesellschaftlichen Leben der Ausländer ausgeschlossen, und die meisten haben außer zu ihren Hausangestellten keinen Kontakt zu den Einheimischen. Bernardine Fritz ist stolz, zu ihren Abenden auch einige kultivierte Chinesen einzuladen. Als Emily Hahn jedoch die Abendgesellschaft mit einem stadtbekannten chinesischen Intellektuellen verlässt, löst sie einen Skandal aus.

Mit seinem klassischen griechischen Profil und dem vollen schwarzen Haar, das ihm fast auf die Schulter fällt, und seinen weichen Gesichtszügen fasziniert Shao Xunmei, dessen Vorname »wahrhaft gut aussehend« bedeutet, Shanghais gesamte Damenwelt. 1924 hatte sich der Acht-

zehnjährige, der aus einer äußerst wohlhabenden Familie stammt, nach Cambridge zum Studium der englischen Literatur aufgemacht und auch eine Zeit lang in Paris gelebt, wo er Malerei studierte. Nach der Rückkehr heiratete er die aus einer der reichsten industriellen Familien Chinas stammende Sheng Pei-yu, eine traditionelle Chinesin von zarter, durchscheinender Schönheit. Die schmalen hochgeschlossenen Kleider betonen ihre zierliche Figur. Sie ordnet den Haushalt und kümmert sich um das Familienvermögen, das ihr Mann großzügig an Freunde und entfernte Verwandte verteilt und für seine zahlreichen Verlagsprojekte ausgibt. Mit dem finanziellen Rückhalt beider Familien kann Shao Xunmei sich nun seinen literarischen und verlegerischen Neigungen widmen. Er übersetzt englische Lyrik und gründet verschiedene Literaturzeitschriften, für die er selbst die Titelbilder zeichnet und Texte schreibt. Emily Hahn und der charmante Chinese sind nach wenigen Tagen unzertrennlich. Shao Xunmei ist nicht nur ein galanter Begleiter und kultivierter Gourmet, er kennt auch Shanghai und seine chinesischen Bewohner, Künstler und Intellektuelle, wie kein anderer. Er ist der klassische Bohemien, kultiviert und belesen, mit den Manieren eines englischen Gentlemans, der der Realität des Alltags mit naiver Nichtachtung gegenübertritt. Er liebt das Hollywoodkino, das chinesische Theater und stundenlange Gespräche über Politik und Kunst mit seinen zahlreichen intellektuellen Freunden – und nie scheint er zu schlafen. Auch ist er ein faszinierender Unterhalter, der in seinem traditionellen langen Gewand mit dem hohen Stehkragen und seinem aristokratischen Benehmen, dem Bild des klassischen chinesischen Gelehrten entspricht. Emily Hahns Neugier auf alles Neue verbindet sich aufs Beste mit Shao Xunmeis Erzähltalent.

Seine Anekdoten und Geschichten über die weit verzweigte Familie bilden die Grundlage für eine Serie von Skizzen, in der Emily Hahn einen kultivierten, aber kindlich-naiven Chinesen porträtiert. In der kaum verbrämten Figur ihres Geliebten als Mr. Pan verknüpft sie, wie in *Der weise Chinese*, persönliche Erlebnisse mit ironischen Seitenhieben auf die Ausländer, die lediglich das exotische China suchen. Shao Xunmei gefällt die Berühmtheit, die er durch ihre Veröffentlichungen im *New Yorker* erfährt, auch wenn er sich hin und wieder beklagt, er werde wie ein lebensfremder Trottel dargestellt. Obwohl Shanghai den meisten Ausländern ein Leben in kaum gekanntem Luxus erlaubt, ist Emily Hahn auf die Honorare vom *New Yorker* angewiesen, denn sie hat Gefallen an eleganten Kleidern, teurem Schmuck und kostbaren Antiquitäten gefunden. Vor allem jedoch benötigt sie das Geld, um ihre Opium-

Moderne Architektur prägte das Stadtbild.
Die Normandy Mansions, 1930er Jahre

Das luxuriöse Mansion Building in Art Déco-Architektur,
das damals schon Aufzüge besaß.

sucht zu finanzieren. Durch ihren Freund hat sie das Opiumrauchen entdeckt – etwas, das sie schon immer kennenlernen wollte, auch wenn sie deswegen nicht nach China gereist ist, wie sie später bekennt. In *The Big Smoke* schildert sie ihre Erfahrungen mit der Droge, spricht von der Leichtigkeit des Seins und der Möglichkeit, stundenlang über Gott und die Welt zu debattieren, ohne Müdigkeit zu verspüren, aber auch von Krankheit und Abhängigkeit – schließlich vom schwierigen Entzug. Es ist Sheng Pei-yu, die als traditionell erzogene Chinesin, Ehefrau und Mutter seiner Kinder die unkonventionelle Beziehung offenbar toleriert und ihrem Mann vorwirft, die Freundin abhängig gemacht zu haben. Die Beziehung zu der Familie ermöglicht Emily Hahn nicht nur einen Blick hinter die Kulissen des chinesischen Alltags, sie beginnt auch, sich zum ersten Mal in ihrem Leben mit Politik zu beschäftigen. In *Fräulein Chu* erzählt sie die Geschichte ihrer Mitbewohnerin Fräulein Chu. Die ernste junge Frau, Kommunistin und Patriotin, ist nicht nur in allerhand antijapanische Aktionen, sondern auch in eine komplizierte Liebesgeschichte verstrickt. Nach den Ehegesetzen der jungen Republik kann sie die Scheidung verlangen, doch fühlt sie sich auch an die Traditionen gebunden. Diesem Konflikt zwischen chinesischer Tradition und modernem Leben sieht sich auch Mr. Pans Cousine in *Eine moderne Chinesin* ausgesetzt. Minigolf, Reiten und Tennisspielen als urbane Freizeitvergnügen sind in Shanghai ebenso beliebt wie die täglichen Partys, auf denen Wein und Whisky getrunken werden, wobei die Hollywoodfilme mit ihren weiblichen Filmstars als Vorbild für den modernen Lebensstil dienen. Emily Hahn genießt diese besondere Atmosphäre der Stadt. Alles, was sie erlebt,

Auch in der Mode mischten sich die Kulturen

setzt sie in Geschichten um. Dabei scheut sie sich nicht, selbst eigene Missgeschicke zu schildern. So bildet ein abgebrochener Zahn den Anlass, von einem ungewöhnlichen Besuch bei *Doktor Baldwin* zu erzählen und der Begegnung zwischen japanischem Granatbeschuss und praktischer Nothilfe eine umwerfend komische Dimension zu verleihen. Selbst im leichtlebigen Shanghai lassen sich die Auswirkungen des Krieges nicht mehr verdrängen und Emily Hahns Reportagen beeindrucken daher umso mehr durch den humorvoll-lakonischen Stil. Wenn sie in *Einmal Nanking und Retour* eine Zugfahrt in Kriegszeiten beschreibt, bildet die Fürsorge für das Entchen Sweetie Pie ihrer Freundin Mary den irrwitzigen Kontrast zu den Luftangriffen entlang der Bahnstrecke. Auch auf ihrer *Fahrt nach Süden* findet sie für die japanischen Flugzeuge, die die Schiffe an-

Alles für den täglichen Bedarf: Tabak- und Papierwaren

greifen, poetische Bilder. Und die Suche nach einem sicheren Heim für ihren Freund *(Shanghai-Flüchtling)*, nachdem
die Japaner 1937 das Haus im chinesischen Stadtteil besetzt haben, hat gar Slapstick-Charakter. Wieder wird den
Lesern ein weltfremder Mr. Pan präsentiert, der in seiner
naiven Unentschlossenheit die Suche nach einer Bleibe ins
Absurde steigert. Obwohl Emily Hahns Geschichten aus
Shanghai nur wenig Auskunft über ihre politische Einstellung liefern, nutzt sie Witz und Ironie für ihre Kritik. *Als
der Frieden nach Shanghai kam* ist die verfrühte Hoffnung auf
ein Ende der militärischen Auseinandersetzungen. Noch
bieten die exterritorialen Zonen der ausländischen Community Schutz und Sicherheit vor den täglichen Übergriffen japanischer Soldaten, deren Aktionen gegen Shanghais
Zivilbevölkerung Emily Hahn mit feinem Spott begegnet.

Doch die Stimmung in der Stadt hat sich verändert. Auch ihr alter Freund Victor Sassoon hat bereits Shanghai verlassen. Emily Hahn ist häufig niedergeschlagen und krank. Selbst der Auftritt mit ihrem zahmen Gibbon erregt kaum noch Aufsehen. Früher war Mr. Mills mit seinem winzigen Dinnerjacket und passendem Höschen in jedem Restaurant die Sensation. Vor allem macht sich der ständige Opiumgenuss nun gesundheitlich bemerkbar. Sie vergisst Termine, ist nachlässig und muss sich ständig übergeben. Sie weiß, dass sie ihre Opiumsucht heilen muss. Im Spätsommer 1939 entschließt sie sich zu einer Entziehungskur. Als sie danach Shao Xunmei zum ersten Mal wieder trifft, sieht sie ihn mit anderen Augen. Sein Blick ist verschleiert, die Zähne vom Opium verfärbt. Der Bruch ist endgültig, längst hat sie sich aus dieser Affäre emotional gelöst. Auch die gemeinsame Arbeit ist gescheitert. Die beiden im Herbst 1938 herausgebrachten Zeitschriften, die chinesische *You Tan* (Freies Wort) und die englischsprachige *Candid Comment*, sind nach sieben Ausgaben eingestellt worden. Der Leserkreis für die aufwändig produzierten Magazine mit politischen Essays, Reportagen, Gedichten, Holzschnitten und Karikaturen reicht nicht zur Finanzierung aus. Shao Xunmeis Vermögen ist zusammengeschrumpft und Sheng Pei-yu muss bereits den Familienschmuck verkaufen. Für ihr neues Buchprojekt plant Emily Hahn ihre Reise nach Chongqing. Sie überlässt die Betreuung der Gibbons ihrem Fahrer, Hausdiener und Koch Chin Lien, den sie in der Erzählung *Der verschwundene Jadering* als Inbegriff chinesischer Weisheit portraitiert hat. Es ist die Lebensklugheit der Chinesen, die Emily Hahn schätzen gelernt hat. Sie hat sie längst selbst angenommen. In *Mr. Mills* erzählt sie, wie sich ein chinesischer Nachbar in Hongkong über die Eskapaden ihres Gibbons beschwert hat. Statt einen Rechtsstreit zu suchen, wählt sie die indirekte chinesische Lösung, um sich stolz zu bescheinigen, das Problem auf meisterliche Art gelöst zu haben.

Für ihr Buch *Chinas drei große Schwestern* (1941) hält Emily Hahn sich einige Monate in Chongqing und Hongkong auf, wo sie Gespräche mit den drei Song-Schwestern führt. Ailing, die Älteste, war mit dem Finanzminister H. H. Kung verheiratet, die Jüngste, Meiling, mit Tschiang Kai-schek und Qingling war die Witwe Sun Yatsens. Später wurde über die drei Schwestern gesagt: »Die eine liebte das Geld, die andere die Macht und die dritte das Volk.« Als nach dem japanischen Überfall auf Pearl Harbor die USA und Großbritannien 1941 Japan den Krieg erklären, fliehen die Ausländer nach Hongkong. Auch Emily Hahn kehrt nicht mehr nach Shanghai zurück. Sie nimmt in Hongkong einen Job als Englischlehrerin an und genießt auch hier ihr Bohème-Leben, sie liebt die Partys, auf denen der Alkohol reichlich fließt und flirtet mit den gutaussehenden Militärs. Wieder ist sie Mittelpunkt eines Skandals, als sie von einem verheirateten Mitarbeiter des britischen Secret Service ein Kind erwartet. Charles Boxer wird nach dem Einmarsch der Japaner interniert und Emily Hahn verlässt Hongkong 1943 mit der kleinen Carola. Erst nach Kriegsende wird Charles entlassen und die Familie in England leben. Nach Scheidung von seiner ersten Frau und Heirat wird die zweite Tochter Amanda geboren. Doch Emily Hahn ist zu unabhängig, um mit ihrer kleinen Familie ständig zusammenzuleben. Sie mietet sich ein Apartment in New York. Hier kann sie ihre Bücher schreiben, weiterhin für ihre

Spaziergänger am Bund, die hier zwischen den Kriegswirren etwas Ruhe fanden. Im Hintergrund das Cathay-Hotel (ca. 1935).

Zeitschrift *The New Yorker* arbeiten. Noch ein Mal trifft sie Shao Xunmei, als er im Juli 1946 nach Amerika reist. Emily Hahns Freundinnen und Familie sind über den abgemagerten und gealterten einstigen Liebhaber entsetzt. Er, den Emily Hahn in so vielen Geschichten als witzig-ironischen Chinesen *Mr. Pan* (1942) porträtiert hat, wirkt in Amerika fehl am Platz. Zum Abschied schenkt sie ihm ihr Buch *China To Me* (1944) und auf die Frage, wie denn der frühere Geliebte ihre Darstellung als Pan Heh-ven aufgenommen hat, antwortet sie, er habe es sicherlich nicht ganz verstanden. In China wird man Shao Xunmei erst viele Jahre später würdigen. Nach 1949 übersetzt er die Lyrik der englischen Romantiker Byron und Shelley, aber auch Baudelaires *Blumen des Bösen*. Der elegante Chinese, der Poet und einstige

Frauenschwarm ist gebrochen, krank und verarmt, kommt ein Jahr ins Gefängnis und muss sich politisch schulen lassen. 1968 setzt er seinem Leben ein Ende.

Emily Hahn reist und schreibt Reportagen und Bücher, im Laufe ihres Lebens hat sie 52 Bücher (Romane, Jugend- und Kinderbücher, Reisebeschreibungen und Biografien) sowie zahllose Kurzgeschichten und Reportagen veröffentlicht. In dem 1970 publizierten Band *Times and Places* sind die wichtigsten Stationen ihres aufregenden Lebens zusammengefasst. Eigentlich sollte es eine Autobiographie werden, doch sie hatte den Vorschuss bereits verbraucht und keine Zeit für das Buch. Elf zuerst im *New Yorker* veröffentlichte Kolumnen sind in diesem Band versammelt. Sie schildern ihr Leben in Shanghai und Hongkong und vermitteln die Begeisterung, Neugier und Lebenslust einer leidenschaftlichen Autorin, die ihre unwandelbare Liebe zu China entdeckt hat. In einem Brief an ihre Schwester Helen bekennt sie: »Du fragst, ob ich in Shanghai Wurzeln schlagen werde. Nein, in Shanghai kann man keine Wurzeln schlagen, aber ich liebe China immer noch.« Es muss die Vitalität dieser Stadt sein, die Emily Hahn verzaubert hat. Shanghai Magie.

Dagmar Yu-Dembski
Berlin, Mai 2009

# Hinweise der Herausgeberin

Chinesische Namen und Ortsbezeichnungen im Vorwort und den Texten wurden in der Regel nach der heute gebräuchlichen offiziellen Umschrift (Pinyin) bezeichnet, z. B. Shao Xunmei (statt Sinmay Zao). Ausgenommen sind allgemein eingeführte Personennamen wie Tschiang Kai-schek oder von Emily Hahn erwähnte Personen wie Fräulein Chu (statt Zhu) und Ortsnamen (Peiping statt Beiping).

In Emily Hahns Texten wird mehrmals Peiping erwähnt, dabei handelt es sich um das heutige Beijing oder Peking. Während der Republikzeit (1912 – 1949) und der japanischen Besetzung des Landes wurde die Hauptstadt mehrmals verlegt. Da *jing* bzw. *king* Hauptstadt bedeutet, wurde Peking in Peiping (nördlicher Friede) umbenannt.

Trotz verschiedener Reformansätze während der Republikzeit blieben traditionelle Lebensformen erhalten, z. B. das Recht auf eine Nebenfrau, wenn kein männlicher Erbe geboren worden war, oder die Eheschließung ohne offizielle Formalitäten ebenso wie die Scheidung von einem Partner.

In China bestanden in den 1930er Jahren verschiedene Währungen nebeneinander. Nachdem die chinesische Währung zunächst auf dem Silberdollar basierte, wurde mit dem Anstieg des Silberpreises eine Währungsreform nötig. Nach der Besetzung des Landes durch die Japaner wurde die chinesische Währung an den japanischen Yen, den amerikanischen oder den mexikanischen Dollar gebunden. Der Hinweis auf den mexikanischen Dollar verweist daher vor allem auf den Währungsverfall des chinesischen Yuan.

Nachdem die japanische Armee Nanking eingenommen hatte, verlegte die Nationalregierung unter Tschiang Kai-schek 1939 den Regierungssitz nach Chongqing. In Nanking regierte seitdem eine mit Japan kollaborierende Marionettenregierung. Auch in Hankou (heute Wuhan) hatte sich eine projapanische Regierung etabliert.

# Der weise Chinese

# 睿智的中国人

»Nein, sie sind nicht wirklich unergründlich«, behauptete ich großspurig. »Man sollte nicht jeden Unsinn, der über Chinesen gesagt wird, glauben. Eigentlich sind sie genau wie wir, wenn auch manchmal etwas sonderbar.«

Das war eine ziemlich voreilige Behauptung von mir. Doch als ich noch neu in China war, habe ich mich des Öfteren in dieser Weise geäußert. Jetzt erinnere ich mich wieder an alles wie in einem seltsamen Traum, besonders an den Major, der seine altersfaltige Stirn runzelte und in typisch britischer Zurückhaltung erwiderte: »Nun, ganz unter uns, finden Sie unsere chinesischen Freunde nicht doch ein wenig – geheimnisvoll?«

Ich wünschte, der Major wäre immer noch hier anstatt seine Zeit in irgendeinem Londoner Club zu vertrödeln. Heute würde ich ihm uneingeschränkt zustimmen. Der Grund dafür ist Pan Heh-ven. Zwei Jahre sind vergangen, seit ich dem alten Haudegen so leichten Herzens widersprach. Zwei Jahre, seit ich Pan Heh-ven das erste Mal traf. Heh-ven ist immer der geblieben, der er damals war, und er wird es immer bleiben, bis man ihm seine Totengewänder anlegt und er seinen Platz bei den Ahnen der ehrwürdigen Familie Pan einnehmen wird. Ich bin es, die sich verändert hat.

Ich begegnete ihm das erste Mal, als die muntere kleine Mrs. Manners, eine Amerikanerin, mich zum Essen in ein echtes chinesisches Restaurant einlud, mit echten chinesischen Gästen, die echte chinesische Kleidung trugen. Damals versuchte ich naiv und eifrig in die Seele der Dinge vorzudringen und freute mich über jedes pittoreske Detail. Daher war ich entzückt, als Mrs. Manners Heh-ven überredete, uns chinesisches Schattenboxen vorzuführen. Es handele sich dabei, wie sie erklärte, keineswegs um Boxen, nichts derart Rohes, sondern um eine exquisite Form fließender Gymnastik im Einklang mit dem geheimnisvollen Rhythmus der Natur. An dieser Stelle sollte ich anmerken, dass Mrs. Manners Leidenschaft für alles Chinesische seit langem außer Kontrolle geraten ist. Man musste Heh-ven einige Zeit überreden, da er bestritt, diese Übungen zu kennen. Schließlich wurde sein schwacher Protest übertönt. Nachdem er aufgestanden war, machte er scheu einige exotisch wirkende Bewegungen, während die anderen Chinesen ihm ernst und schweigend zusahen. Mrs. Manners strahlte. Die gesamte Vorführung hatte etwas unglaublich Feierliches.

Später sah ich einmal zufällig, wie diese Übungen professionell vorgeführt wurden. Sie ähnelten in keiner Weise der Darbietung, die Heh-ven uns im Restaurant gegeben hatte, und als ich ihn das nächste Mal traf, sprach ich ihn darauf an. Er lächelte in seiner ihm eigenen Art, wie ein besonders liebes Kind, das ein bisschen einfältig ist. »Ja«, sagte er, »*das* war natürlich Unsinn. Ich kann kein Schattenboxen, aber weißt du, Mrs. Manners wollte es so gerne sehen und da habe ich einige Pewegungen – sagt man ›Pewegungen‹? – vorgeführt. Es war sehr komisch. Wir fanden es alle sehr komisch, und Mrs. Manners war so zufrieden.«

Ich rief mir jene elfenbeinfarbigen Gesichter ins Gedächtnis, die keine Miene verzogen und so ernst zugeschaut hatten, ohne auch nur einen Anflug von Lächeln erkennen zu lassen, wie lustig sie das Ganze fanden, und mir erstarrte das Blut in den Adern. Ich sah ihn ungläubig an, doch sein träumerischer Blick wanderte gen Himmel.

»Mrs. Manners ist eine sehr nette Dame«, fuhr er fort, »aber sie versteht nicht, dass nicht jeder Chinese alle die Dinge kann, die die Chinesen im Allgemeinen so machen. Manchmal bittet sie mich, eine Pekingoper oder ein chinesisches Puppentheater vorzuführen oder aber ihr Tänzerinnen vorzustellen. Tänzerinnen gehören jedoch nicht zu meinem Umgang, es sei denn, ich bezahle sie mit viel Geld. Dann ist es natürlich etwas anderes. Ich bin kein Schauspieler, ich bin ein Gentleman. Mrs. Manners versteht das nicht so recht.«

Er verstummte betrübt, dann lachte er. »Weißt du, wie wir das nennen, was ich im Restaurant getan habe? Aber bitte sei nicht böse! Auf Chinesisch heißt es *chi yangren* – Ausländer auf den Arm nehmen. Habe ich dir das schon mal erzählt?«

Ich antwortete, er hätte es schon einmal erwähnt. »Aber ich dachte, ihr nennt uns ›ausländische Teufel‹?«

Verletzt und entrüstet versicherte er mir, dass niemand diese überholte, gottlose und beleidigende Bezeichnung mehr verwende. Er meinte, wir seien jetzt doch alle Freunde, und überhaupt glaubten die Chinesen nicht mehr an Teufel. Doch wer weiß, ich sah diese unergründlichen Elfenbeingesichter vor mir.

Unter den Touristen, die ab und an vor meiner Tür stehen und sich mit einem Empfehlungsbrief in mein Leben drängen, den sie auf einer Cocktailparty in New York ganz nebenbei von irgendjemandem erhalten haben, gibt es den einen oder anderen, der das normale Nachtleben von Shanghai geringschätzig ablehnt. Auf meine übliche Besichtigungstour zu Russinnen oder Koreanerinnen, zu Del Monte und Venus, oder zu den Neonlichtern der Bubbling Well Road, reagiert diese Art von Touristen mit den Worten: »Oh nein, das kann ich alles in Paris haben. Nein, zeigen Sie mir das *echte* China. Es bleiben uns sechs Stunden, kennen Sie denn keine interessanten Chinesen?«

Für diese Leute hatte ich normalerweise Heh-ven, doch diese Zusammenarbeit habe ich beendet. Oder Heh-ven hat sie beendet – was auf das Gleiche hinausläuft. Nicht, dass er für diese Touristen nicht genau der Richtige wäre. Er ist es. Mit seinem gespenstisch blassen Gesicht, den typischen dünnen Barthaaren, den schmalen Augen, die ausdruckslos in weite Ferne gerichtet waren und seinem schlichten braunen Gewand kann man sicher sein, dass selbst dem hart gesottensten Touristen der Mund offensteht. Zunächst zitierte er Konfuzius und blickte mich dabei Zustimmung erheischend an, um sich dann in echtem Chinesisch den Kellnern zuzuwenden. Da er von Mrs. Manners bestens trainiert wurde, versäumte er es auch nie, einen langweiligen Restaurantabend mit den Worten zu beenden: »Wissen Sie, dass Sie der erste Ausländer sind, der jemals hier war?«

Daher war Sightseeing mit Heh-ven, solange er mir den Gefallen tat, äußerst zufrieden stellend. Doch nach einiger Zeit wurde er unruhig. Auf einmal sprach er hoffnungsvoll davon, auf diese Weise schnell an Geld zu kommen. »Ich lasse mir einen Zopf wachsen, vergesse mein Englisch und du lernst ein paar Konfuziussprüche – du musst dir nur die einfachen einprägen – und übersetzt für mich. Man wird uns jede Menge Geld zahlen, von dem ich dir dann die Hälfte abgebe.«

Ich wusste, dass er es nicht so meinte. Es war abzusehen, was passieren würde. Zu dem Treffen mit den Lehrern aus New Jersey kam Heh-ven eine Stunde zu spät, das nächste Mal zwei Stunden, und eines Abends tauchte er überhaupt erst auf, als das Schiff mit meinen Touristen bereits abgefahren war. Danach vergaßen wir die ganze Angelegenheit einfach stillschweigend, und wenn ich heute Leute von einem Schiff abholen muss, dann nehme ich einen smarten jungen Chinesen mit, der im YMCA wohnt. Den pittoresken Heh-ven lasse ich in Ruhe.

Mrs. Manners allerdings ist nicht so leicht zufrieden zu stellen. In ihrer rastlosen Suche nach Kunst gibt sie keine Ruhe. Und weil sie so nett ist und weil Heh-ven so nett ist, ergeben sich Probleme. Manchmal tragen auch Heh-vens Freunde zu den Komplikationen bei. Ich könnte eine ganze Menge über Heh-vens Freunde erzählen, irgendwann werde ich es auch, doch im Moment möchte ich nur über Mr. Zee sprechen. Er tauchte eines Tages mit Heh-ven und einigen anderen Herren zur Mittagszeit in meiner Wohnung auf. Wir hatten bereits gegessen, der Hausdiener eilte mit dem Tee zwischen Küche und Wohnzimmer hin und her und die Luft war angefüllt vom Rauch türkischer Zigaretten und Stimmengewirr. Man tauschte allerlei Meinungen über Bücher aus. Da Mr. Zee nur unregelmäßig nach Shanghai zu Besuch kam, waren seine Freunde froh, einen neuen Zuhörer zu haben, und es entwickelte sich eine angeregte Unterhaltung. Man diskutierte sämtliche Themen durch: den Klatsch, die Skandale und all die kleinen Bosheiten aus dem Kreis der Gelehrten – eigentlich dasselbe wie überall auf der Welt. Dann tauchte plötzlich Mrs. Manners auf und auf einmal waren alle ruhig und höflich. Einen Moment lang war Mrs. Manners von der anwesenden Gästeschar überrascht, doch dann konnte sie ihr Glück kaum fassen: Das war China, das waren Chinas Philosophen. Strahlend ließ sie sich auf einem der besten Plätze nieder und brachte sich in die Unterhaltung ein. Sie war eine von ihnen: Sie war tolerant, sie war eine gute Verliererin, sie war diejenige, die zwischen den Kulturen vermittelte und sie war bewundernswert international. Die Party wandelte sich unmerklich in eine höchst bedeutsame Angelegenheit. Betrübt und entmutigt überließen alle Mrs. Manners die Führung und sprachen nur noch über Kunst. Mrs. Manners erklärte uns, wie sehr sie chinesisches Theater liebe und was es – ihrer Meinung nach – für eine Schande sei, dass die jungen Chinesinnen sich Dauerwellen machen ließen. Und dass sie wieder die alten Seidenkleider tragen müssten und nicht diese neumodischen Modelle. Mit strenger Miene deutete sie auf Heh-ven, da er englische Lederschuhe anstatt chinesischer Stoffschuhe trug. Es verderbe den Gesamteindruck, meinte sie, und Heh-ven entschuldigte sich dafür. Dann brach Mr. Zee auf. An der Tür drehte er sich noch einmal um und wandte sich Mrs. Manners zu mit einem Eifer, den sie ganz bezaubernd fand.

»Ich werde bald wieder nach Shanghai kommen«, sagte er und Mrs. Manners bat ihn, sie dann unbedingt zu besuchen. »Ich werde auch meine Ehefrau mitbringen«, sagte Mr. Zee. »Meine Frau hat sehr kleine Füße. Ungefähr so.« Dabei deutete er mit den Fingern einen Abstand von etwa zwei Zentimetern an. Dann ging er zur Tür hinaus.

»Süß!«, rief Mrs. Manners mir über die Köpfe der Herren hinweg zu.

– Das ist ja alles sehr schön, aber Mr. Zee ist gar nicht verheiratet.

Ich weiß nicht, ich weiß nicht. Gestern traf der britische Vizekonsul Heh-ven in meinem Haus zum Tee und stellte ihm Fragen zur chinesischen Mentalität. Er scheint auch zu glauben, dass ein Chinese für alle Chinesen über alles Chinesische sprechen kann. Er machte sich Notizen für ein staatstragendes Buch. Daher wählte er seine Fragen sehr genau.

»Nun, Mr. Pan«, begann er, »was meinen Sie, welche Bedeutung hat die britische Bildung auf die Denkweise Ihrer Landsleute?«

Heh-ven, der zart und klein wirkte, antwortete recht allgemein.

»Aber ist es denn nicht wahr«, fuhr der Vizekonsul fort, »dass die Japaner die jungen Leute ermutigen, ihre Ausbildung in Japan zu erwerben? Eine ziemlich schlaue Form der Propaganda, oder?« Er lächelte schelmisch.

Heh-ven, der zunächst betrübt geguckt hatte, wurde vergnügter. »Ah, diese japanischen Schulen«, sagte er leicht dahin. »Ja, sie sind so gut. Die Japaner, wissen Sie, sind wundervoll; sie haben das gesamte Wissen der Welt wie in einer Zyklopädie – sagt man ›Zyklopädie‹? Oh, danke! – wie in einer Enzyklopädie zusammengestellt. Alles in diesen kleinen Büchern, alle in der gleichen Farbe – wunderbar! Da weiß man in kürzester Zeit alles. Deswegen gehen unsere jungen Leute gerne nach Japan, um einen akademischen Grad zu erwerben. Obwohl ich selbst England bevorzuge. Ich habe mir in Cambridge sehr schöne Anzüge gekauft.«

Der Vizekonsul war ernstlich erschüttert.

»Wissen? Kleidung?«, wiederholte er düster. »Aber Mr. Pan, eine derartige Haltung der chinesischen Studenten ist für das zukünftige Wohl Ihres Landes doch sehr gefährlich.«

Heh-vens Miene war ausdruckslos.

»Kein *Wunder*, dass die Japaner …«, begann der Vizekonsul, dann verstummte er und blickte tadelnd. »Dann sind die Chinesen, ich kann es nicht anders sagen – faul«, meinte er und klappte den Mund zu.

Heh-ven nahm sich eine Zigarette, strich langsam sein langes Gewand über den Knien glatt, zündete ein Streichholz an und sog den Rauch genussvoll ein.

»Genau das ist es«, sagte er schließlich, indem er wie eine Katze schnurrte. »Wir Chinesen … *sind* … faul!«

Das war alles, was er sagte, und auf seinem Gesicht lag ein Ausdruck, der eindeutig unergründlich war.

# The Big Smoke

# 鸦片

Eigentlich wollte ich schon immer Opium rauchen, doch ich will nicht behaupten, dass dies der Grund war, weshalb ich nach China ging. Meine Leidenschaft für Opium stammt aus der Zeit, als ich in meiner kindlichen Phantasiewelt alles Mögliche sein wollte – die größte Gespensterexpertin, die beste Eisläuferin der Welt oder Weltmeisterin im Löwenbändigen. Als ich nach China ging, war ich jedoch bereits erwachsen und all diese Träume waren längst vergessen.

Meine Schwester sagte immer wieder, sie wolle, sobald sie Japan gesehen hätte, nach Kalifornien heimfahren, wo ihr Mann auf sie wartete. Doch als der Termin der Abreise näherrückte, wuchs ihr Widerwille und sie suchte nach einer Ausrede, um den Aufenthalt zu verlängern. Sie erklärte mir, China sei wirklich nicht weit entfernt und wir hätten auch einen Freund, der in Shanghai lebt. Es wäre doch jammerschade, so eine Gelegenheit zu verpassen. Warum sollten wir nicht auf einen Sprung für ein Wochenende rüberfahren? Ich war überhaupt nicht abgeneigt, besonders da ich meinerseits nicht nach Amerika zurück musste. Ich hatte die Absicht, mich nach Helens Abreise ganz gemütlich Richtung Süden auf den Weg zu machen und eines Tages in Belgisch-Kongo zu landen, wo ich mir einen Job suchen wollte. All das hatte keine Eile, da ich genügend

Geld besaß, um eine Weile davon leben zu können. Meine Schwester akzeptierte meine Pläne, da sie wusste, dass ich gerade von einem Mann verlassen worden war. So wie die Dinge lagen, wollte ich in den Kongo gehen, um zu vergessen, dass man mir das Herz gebrochen hatte; unter diesen Umständen war es das Vernünftigste. Umgekehrt war meine Haltung ihr gegenüber ebenfalls gelassen. Wenn sie jetzt noch nicht nach Hause wollte, so war das meiner Meinung nach nicht meine Angelegenheit. Als sie daher China vorschlug, sagte ich: »Na klar, warum nicht?« Und so fuhren wir. Wir liebten Shanghai. Helen schob ihre Gewissensbisse beiseite und stürzte sich weitere zwei Monate kopfüber in eine Vielzahl großartiger Aktivitäten – sie besuchte Partys, Tempel und Antiquitätenläden, ließ sich innerhalb von 24 Stunden Kleider schneidern, reiste nach Peiping, ging zu Botschaftsempfängen und Pferderennen. Ich versuchte nicht, bei ihrem Eiltempo mitzuhalten. Seit meinem ersten Tag in China war für mich klar: Ich würde für immer bleiben. Ohne eine Sekunde zu zögern, hatte ich den Kongo aufs Wartegleis geschoben, einen Sprachlehrer engagiert und noch vor Helens Abreise einen Job als Englischlehrerin an einem chinesischen College gefunden. Erst viel später erinnerte ich mich an meinen alten Wunsch, Opium rauchen zu wollen.

Da ich noch nicht lange in Shanghai lebte, hatte ich keine Ahnung, dass überall in der Stadt erhebliche Mengen dieser Droge konsumiert wurden. Ich kannte den Geruch nicht, doch in den ärmeren Bezirken war er weit verbreitet. Ich hielt den Duft, der karamelisiertem Zucker oder den von Asthmatikern gerauchten Kräuterzigaretten ähnelte, für einen Teil der Gerüche, die chinesische Garküchen verbreiteten. Wenn ich zufrieden durch Seitenstraßen und Gassen spazierte, ab und an stehen blieb, um eine Rikscha oder einen Wagen vorbeirollen zu lassen, dann bewegte ich mich schnuppernd vorwärts ohne zu ahnen, dass sich ganz in meiner Nähe jemand der allgemein verteufelten Droge hingab. Natürlich sah ich nie einen Übeltäter, denn selbst im freizügigen Shanghai war Opiumgenuss eigentlich illegal.

Schließlich lernte ich durch meinen chinesischen Freund Pan Heh-ven, was es mit dem Geruch auf sich hatte. Wir hatten gemeinsam in einem Restaurant zu Abend gegessen, wo wir einige seiner Freunde – Schriftsteller und Gelehrte – getroffen hatten. In China endeten Restaurantbesuche üblicherweise, wenn die letzten Gerichte und der Reis kalt geworden waren und die Gäste zum Abschied eine Tasse Tee am abgeräumten Tisch getrunken hatten. An jenem Abend hatte sich die Gruppe, wie meistens, noch allerhand zu erzählen. Und so standen wir auf der Straße und setzten unsere Debatte über moderne Literatur draußen weiter fort. Wir befanden uns in dem Teil der Stadt, der Chinesenstadt genannt wurde, jenseits des Suzhou-Flusses, außerhalb des ausländischen Konzessionsgebiets. Es war heiß. Der Wind bauschte die Gewänder der Männer und ein weggeworfenes, zerknülltes Stück Papier, das im Rinnstein entlang trieb, raschelte wie welkes Laub. Während des Essens hatte man aus Höflichkeit Englisch gesprochen. Doch jetzt war man aus lauter Begeisterung längst zum Chinesischen übergegangen. Ich stand daneben und wartete darauf, dass man sich an mich erinnerte und mir half ein Taxi zu rufen. Bis schließlich Heh-ven sagte: »Oh, Entschuldigung! Wir haben unseren ausländischen Gast ganz vergessen. Wir gehen alle zu mir nach Hause. Möchtest du mitkommen?«

Natürlich wollte ich. Ich war neugierig auf sein Zuhause, von dem er selten gesprochen hatte. Also machten wir uns alle auf den Weg zu seinem Haus – einer Villa im Viktorianischen Stil mit einem riesigen Grundstück, das größer war, als ich es von den Stadtvillen in den USA kannte. Das Viktorianische betraf jedoch nur das Äußere, wo Giebel und eine mit grobem Mörtel verputzte Fassade mich an mir bekannte Häuser erinnerte. Das Innere war vollkommen anders. Es war kahl, wie man auf einen Blick erkennen konnte, da die Türen zwischen den Räumen offen standen: keine Teppiche, keine Tapeten, kaum Möbel. Die Stühle, Sofas und Tische, die auf dem nackten Boden standen, wirkten unpersönlich und zurückgelassen, wie in einem leer geräumten Laden. Doch das Haus war nicht verlassen. Einige Leute hielten sich drinnen auf. Ein Mann hatte es sich in einer Sofaecke gemütlich gemacht, vier oder fünf Kinder huschten flüsternd und kichernd hin und her, dann waren da noch eine alte Frau in der blauen Bluse und der Hose einer Hausangestellten sowie eine junge Frau in einem schlichten schwarzen Kleid. Letztere war offenbar Heh-vens Frau, zumindest waren einige der Kinder von ihnen beiden. Ich war verlegen, weil mich alle Hausbewohner anstarrten; ein kleiner Junge, der wie eine Miniaturausgabe von Heh-ven aussah, sagte etwas, das alle anderen dazu brachte noch lauter zu kichern. Heh-ven sprach kurz mit seiner Familie und bat uns dann ihm nach oben zu folgen, wo es weitaus gemütlicher war. Hier waren die Wände tapeziert und auch wenn für meine westlichen Augen alles ziemlich kahl wirkte, gab es doch einige Möbel. Wir gingen in ein Schlafzimmer, in dem zwei harte, flache Liegen mit dem Kopfteil an der Wand zusammengeschoben worden waren. In der Mitte dieser weißen Laken befand sich ein Tablett mit verschiedenen, mir unbekannten Gegenständen – eine kleine silberne Öllampe mit einem Schirm, der aussah wie ein umgestülpter Glasbecher, außerdem kleine Schachteln und einige andere Dinge, die ich nicht zuordnen konnte. Während ich auf einem zierlichen, ungepolsterten Stuhl Platz nahm, verteilten sich die Männer im ganzen Raum. Sie unterhielten sich ungezwungen miteinander, als seien sie zu Hause, blätterten in Büchern und kümmerten sich nicht darum, was sich auf der Doppelliege abspielte. Ich fand das, was sich dort tat, recht merkwürdig, starrte jedoch fasziniert hinüber.

Heh-ven hatte sich mit Blick auf das Tablett auf die linke Seite gelegt und die Lampe angezündet. Einer seiner Freunde, ein kleiner stämmiger Mann namens Huaching, lag rechts neben dem Tablett, sein Gesicht Heh-ven zugewandt; mit dem Oberkörper stützten sich beide auf die ringsum liegenden Kissen. Während Heh-ven sich die ganze Zeit unterhielt, war sein Blick gleichzeitig unverwandt auf seine Hände gerichtet, mit denen er – strickte. Das dachte ich zunächst und wunderte mich, warum nie jemand erwähnt hatte, dass Chinesen diese Kunst beherrschen. Dann sah ich jedoch, dass das, was ich zwischen den beiden Nadeln für Garn gehalten hatte, in Wirklichkeit eine Art klebrige Masse war, dunkel und dick. Als er die beiden Nadelenden umeinander drehte, verhielt sich das Zeug wie karamelisierender Zucker; es veränderte auch seine anfangs dunkelbraune Farbe und wurde langsam immer heller. In dem Moment, als es gerade fest zu werden schien, wickelte er den gesamten Klumpen um eine der Nadelenden und griff nach einem Tongefäß in der Größe einer Teetasse. Es sah einer Tasse ähnlich, außer dass es oben geschlossen war und einen Deckel mit einem Loch in der Mitte hatte. Heh-ven steckte die Nadel mit dem Klumpen in dieses Loch, zog sie wieder heraus, wobei der Klumpen auf dem Loch stecken blieb, und bearbeitete ihn rasch, so dass er auf der Tasse wie ein winziger Vulkan saß. Dann nahm er ein schmales Stückchen polierten Bambus, das an einem Ende ein großes Loch hatte und mit einem ziselierten Spanstreifen versehen war. In diesen steckte er die Tasse und nahm das andere Ende vom Bambus in den Mund. Dabei hielt er die Tasse mit dem winzigen angedrückten Klümpchen über die Flamme der Lampe und inhalierte tief. Das Zeug blubberte und schmolz dabei, bis nichts mehr übrig war. Blauer Rauch kam aus seinem Mund und plötzlich war die Luft angefüllt von jenem Geruch, dem ich in den Straßen Shanghais begegnet war.

Plötzlich fiel es mir wie Schuppen von den Augen.

»Du rauchst Opium!«, rief ich. Alle zuckten zusammen, denn man hatte mich ganz vergessen. Heh-ven sagte: »Ja, natürlich. Hast du das noch nie gesehen?«

»Nein, aber ich finde es furchtbar spannend.«

»Möchtest du es einmal probieren?«

»Oh, ja!«

Keiner protestierte, war schockiert oder sonst irgendetwas. Tatsächlich kümmerte sich keiner darum, außer Hua-ching. Auf Heh-vens Bitte rauchte auch er eine Pfeife, um mir zu zeigen, wie es gemacht wird. Danach ruhte er sich einige Minuten gegen die Kissen gelehnt aus. »Wenn man sofort aufsteht, wird einem schwindlig«, erklärte Heh-ven.

Ich beobachtete seine Technik aufmerksam, und als ich meinen Platz auf der Liege einnahm, hatte ich schon eine ziemlich genaue Vorstellung davon, wie es ging. Man muss möglichst tief einatmen und den Rauch so lange wie möglich einbehalten, ehe man ausatmet. Ich dachte mich daran, dass ich nie in der Lage gewesen war, Zigarettenrauch zu inhalieren und war daher besorgt, dass mir die Welt der Opiumträume verschlossen bleiben könnte. Solche Schwächen blenden wir ebenso wie unser wirkliches Ich in unseren Tag- und Nachtträumen aus. Das Dilemma besteht darin, dass sich die Realität meist nicht mit unseren romantischen Vorstellungen deckt. Doch an diesem Abend blieb mir das erspart. Beim Einatmen wurde mir *fast* übel, doch zum Glück schnürte meine Kehle nicht zu und kurz darauf war alles gut. Ich konnte den winzigen Kegel zwar nicht wie die anderen in einem kräftigen Zug inhalieren, doch für eine Anfängerin war ich gar nicht so schlecht – ganz und gar nicht. Ich war so beschäftigt mit meinem Triumph nicht husten zu müssen, dass ich die erste Wirkung verpasste. Ich wollte sogar aufstehen, doch Heh-ven hielt mich davon ab. »Bleib' einfach ruhig liegen und lass uns miteinander plaudern«, meinte er.

Wir alle unterhielten uns – über Bücher und nochmals Bücher und chinesische Politik. Dass ich nichts von Politik verstand, machte mir überhaupt nichts aus. Ich hörte allem interessiert zu, was von den anderen auf Englisch gesagt wurde, und wenn sie Chinesisch sprachen, machte es mir auch nichts aus. Ich überließ mich einfach meinen Gedanken. Nichts hätte mir irgendetwas anhaben können – die Welt war aufregend und heiter. Ich lag gegen die Kissen gelehnt und sah Heh-ven dabei zu, wie er für sich die

Kügelchen für die Pfeife vorbereitete. Pfeifen – so nannten sie die kleinen Kegel, ebenso wie die Pfeife selbst. Ich vermute, weil es einfacher zu sagen ist als »Pfeifenfüllung«. Auf jeden Fall ist der Begriff »Pfeifenfüllung« auch nicht ganz korrekt. Nur einmal, als Huaching mich fragte, wie ich mich fühlte, wurde mir die ganze Bedeutung der Situation klar. Um Himmels willen, ich rauchte ja Opium! Es war kaum zu glauben – vor allem, weil ich gar keinen Unterschied spürte.

»Ich fühle überhaupt nichts«, sagte ich zu ihm. »Ich meine, es geht mir mit euch allen gut, aber ich fühle keinen Unterschied. Vielleicht hat Opium bei mir keine Wirkung?«

Heh-ven zupfte an seinem dünnen Bärtchen und lächelte leicht. »Guck mal auf deine Uhr«, sagte er. Ich schrie überrascht auf, es war bereits drei Uhr nachts.

»Siehst du, das ist es«, meinte Heh-ven. »Und du bist seit Stunden in der gleichen Haltung liegen geblieben – weißt du, du hast weder deine Arme noch deinen Kopf bewegt. Das ist Opium. Wir nennen es *da yan*, den *großen Rauch*.«

»Aber es war doch nur eine Pfeife. Und sieh doch dich an, du hattest vier oder fünf und bist ganz in Ordnung.«

»Auch das ist Opium«, sagte Heh-ven geheimnisvoll.

Als ich später am Morgen in meinem eigenen Bett lag, versuchte ich mich zu erinnern, ob ich wirre Drogenträume gehabt hatte. Doch ich hatte keine Träume – was enttäuschend war. Ich fühlte auch keinerlei Verlangen. Ich war einfach nicht drogenabhängig. Ich glaubte schon fast, dass das Ganze nichts weiter sei als ein sorgsam genährter Mythos. Immerhin gab ich ihm einige Tage später eine neue Chance, danach ein drittes Mal und so weiter. Um es kurz zu machen, es verging ein ganzes Jahr mit ernsthaftem Bemühen. Mir ist es nicht möglich, den genauen Zeitpunkt zu bestimmen, ab dem man mich als wirklich opiumsüchtig bezeichnen konnte. Doch ich erinnere mich an jenen Abend, als Heh-vens Frau Pei-yu sagte, dass ich es sei. Als ich gegen sechs Uhr abends bei ihnen zu Hause eintraf, saß der größte Teil der Familie im Rauchersalon. Es war eine nette häusliche Szenerie: Die Kinder spielten auf dem Boden, Pei-yu saß am Fuß der Liege und strickte – tatsächlich – mit Wolle, während Heh-ven in der üblichen Haltung auf der Seite lag und um später Zeit zu sparen, in sich versunken einen Vorrat an Kügelchen anlegte, wobei er ab und zu ein Kügelchen zwischen seinen Fingern rollte, um die Konsistenz zu prüfen. Ein gutes Kügelchen sollte genau die richtige Farbe haben und nicht zu trocken, aber auch nicht zu klebrig sein. Diese Finesse trägt zum wahren Vergnügen bei. Ich vermute, dass Menschen, die auf ihre Teezubereitung Wert legen, das gleiche Hochgefühl empfinden.

Ich fühlte mich schrecklich. Ich war erkältet und den Abend zuvor zu lange aufgeblieben. Ich hatte auch eine furchtbare Wut auf Heh-ven. Zu dem Zeitpunkt war ich gerade dabei, in seinem Verlag ein englisch-chinesisches Magazin herauszubringen – oder vielmehr ich versuchte es – und Heh-ven verhielt sich im Hinblick auf die Herausgabe furchtbar unprofessionell. An diesem Tag hatte ich stundenlang zu Hause auf ihn gewartet, weil er mir hoch und heilig versprochen hatte, bis drei Uhr einige Korrekturabzüge zu liefern. Als ich nun in die friedliche Stimmung, die im Rauchersalon herrschte, hineinmarschierte, hielt mich lediglich ein Niesanfall von meiner geplanten Standpauke ab. Bei dem Niesgeräusch blickte mich Pei-yu scharf an. Dann fing sie an Heh-ven zu beschimpfen. Ich hatte den Shanghai-Dialekt nicht gelernt – ich lernte Hochchinesisch –, dennoch verstand ich den Sinn ihrer Rede. »Pei-yu sagt, du seist süchtig und es sei meine Schuld«, erklärte Heh-ven unbekümmert. Obwohl ich mich ziemlich geschmeichelt fühlte, war mein Ärger über Heh-vens mangelnden Einsatz für das Presseprojekt so groß, dass ich mürrisch antwortete: »Warum sollte sie das behaupten?« Dabei legte ich mich an meinen angestammten Platz und griff nach der Pfeife.

»Weil deine Augen tränen und deine Nase läuft.«

»Aha! Und ist das ein Symptom?« Ich blickte zu Pei-yu, die heftig nickte. Während ich inhalierte, sagte ich: »Deswegen läuft mir doch nicht die Nase. Ich habe nur eine ganz schreckliche Erkältung.«

»Natürlich, Opiumraucher sind immer erkältet.« Heh-ven bereitete eine weitere Pfeife vor. »Wenn man seiner Leidenschaft nicht nachkommen kann, beginnt man zu weinen. Aber in deinem Fall glaube ich, dass meine Frau sich irrt. Du bist noch nicht süchtig. Selbst *ich* bin nicht wirklich abhängig – jedenfalls nicht sehr abhängig, obwohl ich mehr rauche als du. Leute wie wir, die so viel zu tun haben, gehören nicht zum Typus der Süchtigen.« Ja, überlegte ich, Pei-yu übertrieb sicher maßlos. Selbstverständlich konnte ich auch ohne Opium auskommen. Ich mochte es, natürlich, mochte ich es. Ich wusste mittlerweile, was an Opium so angenehm war. Vergessen waren meine romantischen Vorstellungen von wilden Drogenorgien und phantasievollen Träumen. Doch ich bedauerte es nicht, denn die

Wirklichkeit war weitaus besser: In einem stillen Raum zu liegen, während man sich unterhält und raucht, oder – um es in der richtigen Reihenfolge zu sagen – zu rauchen und sich dabei zu unterhalten, war herrlich angenehm und wohltuend. Ich bin nicht süchtig, sagte ich zu mir selbst; allerdings muss man schon häufiger geraucht haben, um es wirklich genießen zu können. Man verbrachte viel Zeit mit dem Rauchen, doch schließlich hatte man ja eine Menge Zeit. Die Nachtclubs, die Cocktail- und Dinnerpartys, die bei den in Shanghai lebenden Ausländern so beliebt waren, langweilten mich furchtbar, selbst wenn ich Drink für Drink mit meinen Begleitern Schritt gehalten hätte. Jetzt hatte ich kaum noch Lust auf diese Treffen. Das Opium brachte mich vom Trinken ab, und Leute, die nicht rauchten, erschienen mir zunehmend fremd, während Raucher stets ähnliche Vorlieben und Ansichten wie ich zu haben schienen. Wir lasen uns gegenseitig eine ganze Menge vor – meistens Gedichte. Wir interessierten uns weder für Essen noch für Trinken oder andere ausschweifende Vergnügungen … Offenbar verfalle ich in eine Art Fin-de-siècle-Sprache, wenn ich über Opium spreche. Vermutlich weil ich beim Rauchen ein Fin-de-siècle-Leben in sozialer wie literarischer Hinsicht führte. Westlich orientierte Chinesen in Shanghai runzelten die Stirn über Opiumraucher – nicht aus moralischen Gründen, sondern weil sie es für furchtbar altmodisch hielten. Meine Freunde in ihren langen traditionellen Gewändern hielten bewusst am Althergebrachten fest und Opium war ein Stück dieser Überzeugung, während moderne Menschen sich lieber mit Whisky oder Brandy betäubten. Opium war dekadent. Opium war etwas für alte Männer.

Wir lasen Cocteaus Ausführungen zu Opium und diskutieren darüber. Huaching liebte seine Zeichnungen, welche die Gefühle beim Entzug wiedergeben und die Opiumpfeife fortwährend größer und den Menschen immer kleiner werdend darstellen. Die Pfeife breitet sich aus, wuchert, die Gliedmaßen werden zu Pfeifen, bis man selbst nur noch aus Pfeifen besteht. Bisweilen sprach Hehven während solcher Unterhaltungen ganz offen von seiner Opiumsucht, dann wieder behauptete er, er sei nicht abhängig. Einmal sagte er: »Weißt du, es kommt durch mein Asthma. Mein Vater war Asthmatiker, deswegen rauchte er. Ich bin ebenfalls Asthmatiker und auch Pei-yu. Ab und zu, wenn es ihr ganz schlecht geht, raucht sie auch eine Pfeife, weil es ein gutes Mittel gegen diese Krankheit ist.«

An einem Tag, als seine Äußerungen noch widersprüchlicher als üblich gewesen waren, legte ich ein Raucherbekenntnis ab: 1. Ich werde nie abhängig. 2. Ich kann nicht süchtig werden, da ich zu denen gehöre, die jederzeit bestimmen können, ob sie rauchen wollen oder nicht. 3. Ich bin nicht wirklich süchtig. 4. Da es lediglich eine Frage der Willensstärke ist, kann ich jederzeit aufhören.

Jederzeit. Zeit. Das war etwas, das ich nicht mehr im Griff hatte. Es war verblüffend, wie sich das Gefühl für die Uhrzeit wandelte, mal galoppierte sie und manchmal schien sie still zu stehen. Um mit meiner Arbeit klar zu kommen, musste ich oft auf meine Uhr sehen; sie besaß die Eigenart davonzurennen, wenn ich nicht aufpasste, was dazu führte, dass ich Termine vergaß oder mich bei Verabredungen unvorstellbar verspätete. Ich wirkte verschlafen. Das weiß ich, weil Leute mir sagten: ›Du brauchst mehr Schlaf!‹ Doch ich *fühlte* mich nie müde, nicht wirklich. Mein Verstand arbeitete ungewöhnlich klar und ich konnte mich die ganze Nacht über unterhalten, ohne müde zu werden. Das lag daran, dass ich abhängig geworden war, was ich mir jetzt eingestehen konnte. Meine Gelassenheit machte mich sehr zufrieden. Wir Opiumraucher sind nun einmal gelassen, so meinte ich, und das ist einer unserer Vorteile. Wir werden nicht von unangenehmen Gefühlen geplagt. Während Alkohol zu Anfällen von Weinerlichkeit verführt, gibt es keine Opiumraucher, die herumjammern oder ihrem Dealer gegenüber ihre geheimsten Gefühle ausplaudern. Wir sind stolz und zurückhaltend. Manche Leute halten uns womöglich für verschlafen und langweilig, doch wir wissen es besser. Die erste Reaktion auf einen tiefen Zug aus der Pfeife ist stimulierend. Obwohl ich einfach nur daliege, bin ich innerlich voller Ideen und Pläne für jede Menge Aktivitäten. Später kommt eine gewisse Müdigkeit, doch selbst dann wimmelt es in meinem Inneren hinter den halb geschlossenen Lidern nur so von aufregenden Gedanken.

Dennoch konnte ich die Probleme nicht einfach negieren. Täte ich es, dann könnte man mich nicht als »gelassen« bezeichnen. Abhängig zu sein bedeutete auch viel Unbequemes. So konnte ich mich nicht von meinem – oder Heh-vens – Tablett entfernen, ohne Verlangen danach zu spüren. Ich dachte dann sehnsüchtig an die Lampe in dem abgedunkelten Zimmer, an die Behaglichkeit, die Stille und den Trost. Dann fing meine Nase an zu laufen und ich hatte Angst, ein Außenstehender könnte erkennen, was mit mir los sei. Wenn ich »Angst« sage, dann meine ich es auch so, denn in gewisser Weise packte mich Angst bei dem Gedanken entdeckt zu werden. Vielleicht war es eher ein physisches Symptom, ebenso wie meine triefende Nase.

Wir diskutierten ausführlich über diese Fragen, während wir rings um das Tablett lagen. Huaching hatte eine Theorie, wonach die Sucht nicht so sehr im Rauchen selbst bestand, sondern in den Ritualen, an die man sich gewöhnt hatte. Ganz ernsthaft versicherte er uns: »Wenn man sein Rauchverhalten jeden Tag verändert, dann kommt es viel weniger zu einer Gewöhnung. Der größte Fehler besteht darin, es jeden Tag zur gleichen Zeit zu tun. Ich verändere meine Raucherzeiten sorgfältig. Es spielt sich alles im Kopf ab, wisst ihr.«

Jan, ein polnischer Freund, der uns manchmal Gesellschaft leistete, äußerte sich ebenfalls dazu und meinte: »Es ist die Droge selbst. Wenn sich alles im Kopf abspielt, warum fühlt man sie dann im ganzen Körper?« Unsere Argumente versanken in einer Flut unterschiedlicher Erklärungen. Raucher lieben den Streit um Worte.

Ich war nicht die Einzige unter den Ausländern, die in Shanghai Opium rauchten. Außer Jan kannte ich noch viele andere. Einer stand in Verbindung zum französischen Diplomatischen Dienst. Er und seine Frau hatten während ihres Aufenthalts in Indochina mit dem Opiumrauchen begonnen. Durch sie lernte ich Bobby kennen – einen deutschen Flüchtling, der Arzt war. Er war kein Opiumraucher – ich glaube ich habe ihn nie rauchen sehen –, doch er verbrachte viel Zeit unter Rauchern. Oft wunderte ich mich, weshalb er so oft bei Heh-ven vorbeischaute. Das störte mich, denn er war langweilig. Aber schließlich kam es nicht darauf an, ob Außenstehende langweilig oder lebhaft waren. Und da er mich eines Nachmittags besuchte, als ich gerade einen prekären Brief erhalten hatte, vertraute ich mich ihm an.

»Es ist wegen dieser blöden Zeitschrift, die ich herausgebe«, sagte ich. »Sie wollen die Auflage erhöhen – also die Besitzer – und sie meinen, ich müsste nach Chongqing fahren und mit ihnen darüber sprechen.«

»Und Sie können natürlich nicht fahren«, sagte Bobby.

»Natürlich kann ich!« Ich richtete mich auf und sagte entrüstet: »Selbstverständlich kann ich fahren. Was meinen Sie damit, ich könne nicht? Es ist mir lediglich zu lästig.« Ich legte mich wieder hin und begann rasch noch ein Klümpchen zu rollen. Mir schwirrte bereits der Kopf bei all den Dingen, die zu tun wären – den Haushalt in Ordnung bringen und die Reiseerlaubnis einholen. Ich würde mit dem Schiff nach Hongkong fahren und dann ins Landesinnere fliegen müssen. Nur daran zu denken war schon lästig, und dann fing auch noch Bobby wieder damit an. »Hören Sie mir zu! Hören Sie genau zu! Sie können das nicht – *Sie* nicht.« Diesmal schaffte er es mich zu beunruhigen. »Warum nicht?«

»Wegen des Opiums. Wegen Ihres Konsums«, sagte Bobby. Ich lachte. »Ach, deswegen? Das geht schon in Ordnung.« Das kegelförmige Klümpchen war fertig, ich rauchte und sagte: »Ich kann jederzeit aufhören, wenn ich will. Sie kennen mich nicht gut genug, aber ich kann Ihnen versichern, ich kann jederzeit aufhören.«

»Wann haben Sie es in jüngster Zeit versucht?«, wollte er wissen und schwieg. Ich antwortete nicht, weil ich versuchte nachzurechnen. Er fuhr fort: »Ich bin sicher, es ist schon eine Weile her. Ich kenne Sie jetzt seit einem Jahr und Sie haben in dieser Zeit nicht ein Mal aufgehört. Ich glaube, junge Dame, Sie werden feststellen, dass Sie es nicht können.«

»Sie irren«, erwiderte ich heftig. »Ich sage Ihnen, Sie irren sich – Sie kennen mich nicht.«

»Es ist nicht sehr lustig, wissen Sie, wenn Sie im Landesinneren wegen Opiummissbrauchs geschnappt werden. Wenn man Sie schnappt – Sie wissen, was passiert.« Er fuhr sich mit der flachen Hand quer über die Kehle. Er spielte darauf an, dass die Nationalpartei ein neues Gesetz verabschiedet hatte; danach drohte Leuten, wenn sie beim Rauchen erwischt wurden, die Todesstrafe. Doch das konnte *mir* doch bestimmt nicht passieren. Ich sah ihn unsicher an und fragte: »Was soll ich machen?«

»Es wird alles gut, ich werde Ihnen helfen«, meinte Bobby plötzlich lebhaft und gut gelaunt. »Sie können recht einfach geheilt werden. Haben Sie schon von Hypnose gehört?« Ich sagte ihm, dass ich davon gehört hätte und sogar schon einmal dabei gewesen sei. »Es gab einen Medizinstudenten an der Universität, der Leute zum Einschlafen bringen konnte – er ließ sie in ein helles Licht schauen und sagte ihnen, sie seien müde.«

Nachdem Bobby von meinem Telefon aus mit jemandem auf Deutsch gesprochen hatte, sagte er: »Wir fangen morgen an. Ich habe für Sie ein Bett in meinem kleinen Krankenhaus reservieren lassen – immerhin eine Privatstation. Stehen Sie so früh wie möglich auf und verhalten Sie sich wie immer am Morgen – wenn Sie wollen, können Sie auch rauchen. Ich habe nichts dagegen, aber kommen Sie pünktlich um neun Uhr! Ich werde für den Taxifahrer den Weg aufschreiben.« Das tat er und schon an der Wohnungstür fügte er noch hinzu: »Heh-ven wird versuchen, es Ihnen auszureden. Lassen Sie sich nicht von ihm beeinflussen.«

»Aber nein, Bobby, das würde er nicht machen. Das ist meine eigene Angelegenheit, in die würde er sich niemals einmischen.«

»Lassen Sie ihn einfach nicht! Das ist alles. Vergessen Sie nicht eine Tasche mit ihrem Nachtzeug und so mitzubringen. Wahrscheinlich haben Sie vor, Opiumpillen mitzunehmen. Falls Sie das tun, werde ich sie finden. Also, ersparen Sie sich den Ärger.«

Bevor ich süchtig wurde, dachte ich, ein überzeugter Raucher hätte wahnsinnige Angst vor dem Entzug. In Wirklichkeit ist es nicht so. Von einem bestimmten Punkt an ist ein Raucher glücklich über jeden Vorschlag, sogar zu einem Entzug. Mit dem Rauchen aufhören? Aber natürlich, was für eine grandiose Idee, würde man antworten. Gleich morgen! Nach ein, zwei Pfeifen war ich mit mir sehr zufrieden und rief gleich Heh-ven an, um es ihm zu erzählen. Er freute sich auch, verstand aber meine Eile nicht.

»Wunderbar«, sagte er. »Aber warum denn morgen? Warte doch, dann können wir es zusammen tun. Warte noch und ich bitte Bobby, es für mich mit zu arrangieren.«

»Das würde ich ja auch, Heh-ven, aber er hat schon alles für mich im Krankenhaus vorbereitet und ich kann jetzt kaum noch etwas ändern. Es ist so, wie ich es gesagt habe, ich habe nicht mehr viel Zeit – nur ein, zwei Wochen –, bis ich nach Chongqing fahren muss. Es wird einfacher für dich, wenn du dann später selbst dran bist.«

»Selbstverständlich, da du ja so glücklich bist, Ratschläge von einem Mann anzunehmen, den du kaum kennst.« Bei dieser Antwort konnte ich hinter der höflichen Liebenswürdigkeit seine Verärgerung spüren. Wir führten einen unterschwelligen Kampf. Als ich auflegte, hatte ich jedoch nicht nachgegeben. Ob vom Opium berauscht oder nicht, ich wusste zu genau, was passieren würde, wenn ich auf Heh-ven wartete – egal, ob es um den Termin einer Party oder einer Behandlung ging. Er würde ihn immer wieder verschieben, bis man ihn schließlich vergessen hätte. Ich zuckte mit den Achseln, rauchte noch eine Pfeife und verschlief fast die Zeit. Der alte Chinese, der sich um meine Wohnung kümmerte, trug meine Tasche zum Taxi. Während ich einstieg, blieb er am Wagen stehen und redete mit besorgter Miene mit sich selbst. Es war klar, dass er von der ganzen Angelegenheit überhaupt nichts hielt. »Ich komme Sie bald besuchen«, versprach er.

Ich hatte noch nie zuvor etwas über Bobbys Krankenhaus gehört. Wir fuhren ziemlich lange an Geschäften und armseligen Hütten rings um die ausländische Niederlassung vorbei, so dass ich schon fast annahm, wir würden in die von den Japanern besetzten Bezirke fahren. Doch ehe wir dorthin gelangten, fanden wir das Krankenhaus. Das Gebäude war ungefähr so groß wie die meisten Mittelklasse-Hotels in Shanghai, nur ein wenig schäbiger. Über dem Eingang hing eine schmuddelige weiße Fahne mit einem roten Kreuz drauf. Bobby stand vor Erleichterung lächelnd an der Tür, seine Brillengläser blitzten in der Morgensonne. Ganz offensichtlich war er nicht sicher gewesen, ob ich auch erscheinen würde. Er fragte, wie Heh-ven die Nachricht aufgenommen hätte.

»Er möchte auch einen Termin mit Ihnen ausmachen – irgendwann«, teilte ich ihm mit. »Jederzeit, gern. Nun kommen Sie aber herein. Die Schwester wird sich um Ihr Gepäck kümmern.«

Ich folgte ihm zu einem schlecht tapezierten Büro, das mit

allerlei Gerümpel voll gestopft war, unter anderem mit einer Ablage für Akten, einem schweren alten Schreibtisch und einem mit vielen Sachen voll belegten Stuhl. Während ich mich neugierig umsah, reichte er mir eine Tablette und einen Metallbecher mit Wasser. An den Wänden stapelten sich Pappkartons, außerdem gab es noch einen Schrank mit Instrumenten. Sonnenlicht fiel auf die Matte am Boden. Bobby rann der Schweiß übers Gesicht. Und obwohl der Geruchssinn von Rauchern nur wenig ausgeprägt ist, konnte ich den Geruch von Desinfektionsmitteln wahrnehmen. Auf meine Frage, mit welchen Fällen sich das Krankenhaus befasse, antwortete Bobby: »Mit allen.« Er war nicht bei der Sache, lief auf und ab und wartete auf die Wirkung der Tablette.

Ich sagte: »Ich sehe nicht so recht ein, weshalb ich eine Pille brauche. Der Medizinstudent benutzte lediglich eine Glühbirne.«

»Das könnte ich auch, aber es würde zu lange dauern«, erwiderte Bobby. »Später möchte ich ganze Krankenzimmer von Suchtkranken auf einmal heilen, indem ich mehrere gemeinsam hypnotisiere. Und was denken Sie, wie weit ich damit komme, wenn ich versuchte jeden Einzelnen in eine Glühbirne starren zu lassen? Nein, Barbiturate wirken rascher. Sind Sie nicht bereits müde?«

»Nein, noch nicht. Weshalb denn ganze Krankenzimmer voller Süchtiger?« Er erklärte, dass es viel zu viele Kranke gäbe, die ein Einzelner unmöglich behandeln könne – es sei denn, er wende solche Methoden an. Meinen Fall, meinte er, würde er daher für diesen Zweck nutzen. Falls es klappte – und es würde klappen, es müsste klappen, so versicherte er mir – dann sollte ich meinen ganzen Einfluss geltend machen, um die entsprechenden Persönlichkeiten zu überzeugen, ihn als Arzt für Opiumkranke in ganz China einzusetzen. Er sprach voller Wärme und Hoffnung von seinen Plänen, bis ich wie durch ein Glas ganz deutlich ein Klassenzimmer voller weiß gekleideter Chinesen sah, Reihe für Reihe, alle absolut gleich aussehend, die Augen auf Bobby gerichtet, der auf einem erhöhten Podium saß. Er sagte gerade … sagte …

»Kann ich, während Sie unter Hypnose stehen, auch eine kleine Psychoanalyse vornehmen?« Er sprach wirklich zu mir und nicht zu den weiß gekleideten Chinesen. Ich musste mich zusammennehmen und zwang mich zu einer Antwort. »Ja, wenn Sie versprechen, mir hinterher alles zu erzählen. Versprochen?«

»Ja, ja.« Er lief wieder auf und ab und sprach ungeduldig über die Schulter. »Sie werden jetzt müde werden. Sie wollen schlafen. In ein paar Minuten …«

Es waren weniger als fünf Minuten vergangen, als ich wieder aufwachte, mich aufrichtete und sagte: »Es hat nicht geklappt.« Nun war ich enttäuscht. All die Vorbereitungen waren umsonst gewesen. Bobby blieb vor mir stehen. »Wissen Sie, wie spät es ist?«, fragte er mich. Vor langer Zeit, erinnerte ich mich dunkel, hatte Heh-ven mir dieselbe Frage gestellt. Doch Bobby beantwortete seine Frage selbst. »Es ist fünf Uhr nachmittags und angefangen haben wir um zehn Uhr morgens.«

»Aber was ist denn passiert?« Ich rieb mir die Augen.

»Sie haben fast die ganze Zeit geredet. Ich habe nur zum Mittagessen eine Pause gemacht.« Ich war wie erschlagen, doch Bobby ließ mir keine Zeit, diese merkwürdige Situation zu erörtern. Er sah mich aufmerksam an und fragte: »Haben Sie noch das Bedürfnis zu rauchen?«

Ich schüttelte meinen Kopf. Tatsächlich war das Bild des Tabletts und der Lampe nicht mehr in meinem Kopf. Vielmehr überraschte mich seine Frage. Warum sollte ich rauchen wollen?

»Sie wollen wirklich nicht, denken Sie gar nicht mehr an das Rauchen?« fragte er beharrlich nach. Wieder schüttelte ich den Kopf.

»Gut«, sagte Bobby. »Sie werden jetzt ins Bett gehen und etwas essen, wenn Sie wollen. Für morgen habe ich Anweisung gegeben, dass Sie keinen Besuch erhalten dürfen. Das wird zunächst das Beste sein, aber ich werde später am Abend noch bei Ihnen vorbeikommen und nachsehen, ob alles in Ordnung ist.«

Ich wollte aufstehen, blieb jedoch sitzen, weil ich fürchterlich niesen musste. »Ich habe mich erkältet«, sagte ich. »Ach übrigens, die Analyse? Was haben Sie herausgefunden, Bobby?«

»Sie sind ein interessanter Fall«, antwortete er voller Begeisterung. »Da kommt Schwester Wong, die sich um Sie kümmern wird.« Damit verließ er das Zimmer.

Schwester Wong führte mich so fürsorglich den Gang entlang, als ob sie einen Schleppkahn zu seinem Ankerplatz geleiten müsste. Sie brachte mich zu einem Zimmer der Ersten Klasse, in dem ein Feldbett stand. Die Wände waren einfach weiß getüncht und durch das Verandafenster fiel der Blick in einen verwilderten Garten. Die Bettwäsche war verwaschen und voller dunkler Flecken. Schwester Wong hatte meine Sachen bereits ausgepackt und auf einige Nägel an der Wand gehängt. Als ich schläfrig im Bett lag, dachte ich, dass Chinesen ihre Sachen natürlich nicht aufhängen, sondern gefaltet in Truhen legen. Später stellte man mir ein Tablett mit dem Abendessen hin. Ich hatte keinen Appetit auf den Reis mit brauner Soße, und nach einiger Zeit wurde es wieder hinausgetragen. In der Nacht muss Bobby vorbeigekommen sein, doch ich erinnere mich nicht daran. Es gab keinen Grund, warum ich so müde war, sagte ich mir selbst, wenn ich zwischendurch immer wieder aufwachte. Ich war nicht mehr ich selbst. Ich hatte Beschwerden, konnte aber nicht sagen, woher sie kamen. Hals? Arme? Beine? Magen? Sie wanderten herum. Schließlich setzten sie sich in meinem Kopf fest. Ich fühlte mich für alles auf der Welt schuldig, allerdings waren es keine Todesqualen. Es war auszuhalten. Dennoch war ich froh, als die Sonne aufging. Mir fiel ein, wie Jan einmal sehr gut das Gefühl beim Rauchen beschrieben hatte. Er hatte ein kaputtes Bein und nachdem er zwei Opiumpfeifen geraucht hatte, sagte er: »Der Schmerz ist immer noch da, aber er stört nicht mehr.« Ja, sagte ich mir, genau das ist passiert. Der Schmerz war schon immer da, und nun tut es wieder weh. Das ist alles. Es ist auszuhalten. Es ist auszuhalten.

Etwas half mir enorm. Selbst während der schlimmsten Woche hatte ich nie das Gefühl, dass es mir besser ginge, wenn ich nur eine Pfeife rauchen könnte. Ich wusste, das lag an der Hypnose. Auch dass ich es wusste, schmälerte die Wirkung nicht. Es funktionierte. Ich war nicht in meinem Zimmer eingeschlossen, und es gab keinen Aufpasser an der Eingangstür. Wenn ich gewollt hätte, hätte ich mich anziehen und nach Hause oder zu Heh-ven gehen können. Bei all meinen Bedürfnissen, dieses eine fehlte. Ich zählte die Tage, bis es mir, wie Bobby gesagt hatte, besser gehen würde. Ich war zappelig und gähnte und nieste. Meine

Augen tränten wie verrückt und meine Uhr schien stehen geblieben zu sein. Doch ich unternahm keinen Versuch, das Krankenhaus zu verlassen.

Jedes Mal wenn Bobby vorbeikam und ich zu reden versuchte, zitterte meine Stimme eine Weile und ich weinte. »Die Nerven, ich kann die Worte nicht herausbringen«, schluchzte ich, aber er meinte, alles werde gut. Er sagte, er hätte festgestellt, dass ich wirklich mit dem Rauchen aufhören wollte, denn ich hätte keine Pillen mitgebracht. Er wisse es, weil er während der Hypnose meine Sachen durchsucht habe. Nachdem er das erzählt hatte, bekam ich in der Nacht Krämpfe. Krämpfe sind altbekannte Entzugssymptome. Sie können sich überall im Körper bemerkbar machen, aber die meisten Suchtkranken fühlen sie in den Armen – es fühlt sich an, als seien sämtliche Knochen gebrochen. Bei mir machten sie sich in den Beinen bis zur Hüfte bemerkbar, und um vier Uhr morgens fand ich eine Erklärung für meine Krämpfe in den Beinen: Ich hatte bereits als Baby Schienen tragen müssen. Ich hatte mich nie daran erinnert, aber jetzt, so sagte ich mir, erinnerten sich meine Beine. Als hätte ich die Götter mit der Entscheidung, eine Entziehungskur zu machen erfreut, gelang es mir, eine ganze Stunde Schlaf zu finden. Es war vermutlich die schrecklichste Nacht überhaupt.

Danach erlaubte Bobby, dass mich einige Freunde besuchten. Ich konnte in den verwilderten Garten hinausgehen, ein bisschen herumlaufen und auf wackligen Beinen einige Schritte zu einem kleinen Bach gehen, auf dem Enten schwammen und wo man unter einem Baum Tee trinken konnte. Das half die Zeit zu vertreiben, was gut war, weil sie sich ohne Ablenkung entsetzlich lang hinzog.

»Die tödliche Langeweile des Entwöhnten«, hatte Cocteau geschrieben. Am eindringlichsten äußerten sich meine Gefühle jedoch dem Bett gegenüber. Nacht für Nacht hatte ich darin ohne Schlaf zubringen müssen, bis ich es voller bitterem, persönlichem Widerwillen verabscheute. Ich hasste den bloßen Geruch der Matratze. Vermutlich war er nicht wirklich schlimm, denn sie bestand nur aus Kapok, aber zum ersten Mal nach Jahren arbeitete meine empfindungslose Nase wieder, und jeder Geruch hätte eine unerfreuliche Wirkung auf die für Reize nun wieder sensiblen Nerven gehabt. Aus meiner Sicht stank die Matratze und war außerdem voller Dellen. Ich kannte jede harte Stelle. Ich beschloss diese verpfuschte Bettangelegenheit zu regeln, sobald ich wieder mein eigener Herr sein würde. Eines Morgens fragte ich Bobby, was es kosten würde sie zu ersetzen.

»Ich weiß nicht genau. Zwanzig Dollar. Warum?«, fragte er.

»Wenn ich mit allem durch bin, möchte ich meine Matratze kaufen und im Garten verbrennen. Ich hasse sie.«

»Wenn Sie das dann immer noch wollen, können Sie es tun«, sagte er feierlich. »Heute hat mich Heh-ven angerufen.« Er machte eine Pause, während er mich besorgt ansah. »Es ist nicht das erste Mal, dass er versucht hat Sie zu erreichen«, ergänzte er, »aber ich habe es Ihnen nicht gesagt. Jetzt, glaube ich, kann ich es Ihnen zutrauen, ihn zu treffen. Er kommt heute Nachmittag. Eigentlich ist er schon da.«

»Gut.« Ich muss gleichgültig geklungen haben, denn so fühlte ich mich. Ich hatte Heh-ven fast vergessen. Als er hereinkam, erinnerte ich mich dennoch, wie gut ich ihn kannte und wie viele Stunden wir gemeinsam Opium rauchend verbracht hatten. Ich bemerkte, dass seine Augen trüb waren und seine Zähne schmutzig. Er sagte: »Ich nehme dich mit.«

»Vergiss nicht, nur für eine Ausfahrt«, sagte Bobby rasch und blickte ihn dabei scharf an. Heh-ven lachte und hob beruhigend die Hände in die Höhe. »Natürlich bringe ich sie zurück. Ich will Ihre Patientin nicht, Doktor.«

»Sie werden nicht rauchen«, erwiderte Bobby, »und Sie werden sie nirgends hinbringen, wo sie rauchen kann. Ist das klar?«

»Vollkommen klar«, sagte Heh-ven. Wir gingen zur Vordertür hinaus – durch die ich selbst eine Woche zuvor gekommen war – zu seinem Auto und fuhren davon. Er hielt sich treu an sein Versprechen. Wir gingen zu einem Teehaus, saßen da und blickten uns an. »Du siehst ganz in Ordnung aus. Wie geht es dir?«, fragte er.

»Mir geht es gut«, sagte ich, »aber Cocteau hat die Wahrheit gesagt – weißt du – über die Langeweile. Trotzdem bin ich froh, dass ich es gemacht habe.« Ich kam in Schwung, obwohl Heh-ven still war und mir wie ein Fremder vorkam.

»Ich habe es versucht, während du dort warst«, gestand er, »und ich habe es nicht geschafft. Ich habe es nur 36 Stunden ausgehalten. Am meisten habe ich die Lampe vermisst. Ich finde die Lampe einfach angenehm.«

»Nun, das ist doch ganz einfach«, antwortete ich. »Mach' sie einfach an und leg' dich dann dazu.« Wir kicherten beide. Zum ersten Mal hatte ich über Opiumrauchen einen Scherz machen können. Dann brachte er mich zum Krankenhaus zurück. Als er sich verabschiedete, waren seine Augen feucht, weil er sein Tablett brauchte. Ich war mit mir sehr zufrieden.

An dem Nachmittag, als ich entlassen wurde, drei Tage bevor ich nach Chongqing fahren musste, sagte Bobby: »Nun, leben Sie wohl. Sie sind jetzt in Ordnung. Sie können gehen, wohin Sie wollen. Ich möchte keine Bezahlung, aber vergessen Sie nicht – falls Sie eine Chance bekommen, einige hoch gestellte Persönlichkeiten zu überzeugen, dann erzählen Sie ihnen, dass meine Methode wirkt. Das machen Sie doch? Ich würde den Job gerne bekommen.«

Ich versprach es, dankte ihm und wir schüttelten uns die Hände. Meine Tasche war gepackt und ein Wagen wartete draußen, doch ich zögerte: »Da ist noch eine Sache«, sagte ich. »Die Analyse, erinnern Sie sich? Ich habe Sie mehr als ein Mal gefragt, aber Sie haben mir nicht gesagt, was Sie an dem Tag, als Sie die Hypnose gemacht haben, herausgefunden haben.«

»Ach ja, das. Das war sehr interessant.« Das war alles, was Bobby sagte. Und außerdem vergaß ich, die Matratze zu verbrennen.

# Fräulein Chu

朱小姐

Von allen Leuten, die irgendwann einmal das Gästezimmer in meinem Shanghaier Heim belegt hatten, mochte ich Fräulein Chu am liebsten. Sie war Kommunistin und wahre Patriotin, wobei bereits eins von beidem Beweis genug für eine entschiedene Geisteshaltung wäre, und in gewissen Dingen war Chu Ying ziemlich entschieden. Dennoch war sie eine äußerst liebenswerte junge Frau. Hinter ihren Brillengläsern verbarg sich echter Humor, und sie konnte ganz plötzlich eine unerwartete Fröhlichkeit an den Tag legen. Nichts auf der Welt schien sie aus der Ruhe zu bringen.

Eines Tages brachte sie mich jedoch aus der Fassung, als sie mir in aller Gelassenheit gestand, sie habe einen Ehemann und ein Kind. Ying wohnte bereits seit sechs Monaten als zahlender Gast bei mir und ihr war offenbar nie eingefallen, diese zwei Tatsachen mir gegenüber zu erwähnen. Ich wäre nicht im Traum darauf gekommen, denn Ying war für mich die typische ungebundene Studentin, die ihre gesamte Zeit mit geheimnisvollen, patriotischen Gesprächen und irgendwelchen Jungakademikern zubrachte, die sie – die Aktentasche unter den Arm geklemmt – besuchen kamen. Die Treffen fanden immer in ihrem äußerst spartanisch eingerichteten Zimmer statt, aus dem sie sogar die Matratze vom Bett entfernt und durch eine Lage Decken auf den Sprungfedern ersetzt hatte.

An jenem Tag war Fräulein Chus Besucher jedoch kein kommunistischer Student gewesen, sondern Herr Pei. Da Herr Pei keine Aktentasche dabei hatte und sich offenbar keinerlei politischen Passionen hingab, hatte ich lange Zeit vermutet, er sei Yings Geliebter, obwohl sie ganz formell von ihm als P. C. Pei sprach. Nachdem er gegangen war, kam sie in mein Zimmer und begutachtete sich im Spiegel. Das war erstaunlich, da sie zuvor nie das geringste Interesse an ihrem Aussehen gezeigt hatte. Nach einem Blick auf ihre Haare, die wie ein Schwalbenschwanz von ihrem Hinterkopf abstanden, sagte ich: »Ying, du hast ja eine Dauerwelle«.

»Ja«, gab sie zu und schob die drahtartige Masse zurecht. »Ich weiß auch nicht, warum ich heute Morgen so viel Zeit darauf verschwendet habe. Ich muss bis nächste Woche noch drei Arbeiten fertig machen.«

Sie setze sich, mit untergeschlagenen Beinen, die kleinen Füße in Pantoffeln, auf mein Bett. »P. C. Pei«, sagte sie in derselben ruhigen Tonlage, »hat mich eben gebeten, ihn zu heiraten. Hast du uns nicht streiten gehört?«

»Nein«, sagte ich, »ich dachte, du magst ihn?«

Sie zog die Augenbrauen hoch. »Ich mag P. C. Pei, aber er hat mich gebeten, ihn zu *heiraten*. Ich empfinde das als eine Beleidigung.« Sie zögerte und suchte in meinem Gesicht nach Verständnis. »Eine Ehe«, ergänzte sie, »erniedrigt die Frau, und daher überrascht mich P. C. Peis Vorschlag. Ich hätte ihn nicht für so rückständig gehalten.«

Ich protestierte und sagte, Herr Pei sei ein netter junger Mann, der durchaus das Recht hätte, ab und zu auch rückständige Gefühle zu haben.

»Jedenfalls«, meinte ich, »bin ich sicher, dass er keineswegs die Absicht hatte dich zu verletzen.«

»Er kennt meine Gefühle«, sagte Ying frostig.

Wir schwiegen einen Moment. Dann erklärte sie etwas freundlicher: »Doch im Gegensatz zu ihm weißt du nicht, dass ich schon einmal geheiratet habe. Ich glaube, ich habe es dir gegenüber noch nicht erwähnt.«

»Wie?«

»Ja, es ist schon eine Weile her. Es war an der Universität und der Mann, den ich damals heiratete, war schrecklich selbstsüchtig. Es war einfach ein Fehler.« Ying blickte auf ihre Armbanduhr und entschied, dass sie noch Zeit hatte, mir ihre Geschichte weiter zu erzählen. »Ich hätte klüger sein müssen. Doch damals hatten wir alle das Gefühl, dass in dem alten, kapitalistischen System junge Leute das wirklich Wichtige im Leben auf sträfliche Weise hintanstellen würden zugunsten ihrer kleinen persönlichen Liebesgeschichten. Da dieser Mann mich so sehr umwarb, blieb ich – um Zeit zu sparen und Ärger zu vermeiden – bei ihm, obwohl er keine meiner Ansichten teilte. Er arbeitete für ein ausländisches Importunternehmen und diese Arbeit war sein Ein und Alles. Glaub' mir, er verschwendete nie einen Gedanken an das politische System seines Landes oder daran, wie man der Menschheit helfen könnte.«

Ying dachte einen Moment nach. »In gewisser Hinsicht war mein Verhalten zu entschuldigen, weil ich es in der Hoffnung tat, frei zu sein und um mich weiter meiner Arbeit widmen zu können. Ich heiratete ihn auch nicht gleich. Aber es war falsch, die Dinge so laufen zu lassen. Kurz gesagt«, erklärte Fräulein Chu, »wir bekamen ein Kind.«

»Oh«, sagte ich, »und wo ist das Kind jetzt?«

»In Peiping«, antwortete Fräulein Chu unbekümmert, »bei meinen Schwestern. Sie interessieren sich für nichts anderes als ihre kleine Welt ... Nachdem ich schwanger wurde, war ich einverstanden, dass wir der chinesischen Tradition gemäß als verheiratet galten. Wir zogen auch zusammen. Nur die Missionare, denen die Schule gehörte, waren schockiert. Sie hatten den Eindruck, ich würde ein gesetzeswidriges Leben führen. Selbst unser gemeinsamer Haushalt schien sie nicht zufrieden zu stellen. Missionare sind ebenfalls beschränkt – natürlich auf andere Weise.« Sie ließ sich mit im Nacken verschränkten Händen auf das Bett zurückfallen und blickte träumerisch zur Decke. »Danach«, sagte sie, »begann der Ärger. Wir stritten sehr viel, in keinem Punkt waren wir uns einig. Er akzeptierte meine Arbeit nicht und war der Meinung, ich sollte mit dem Kind zu Hause bleiben. Ach, ich ärgerte mich schrecklich über das Kind, obwohl ich es nach der Geburt natürlich mochte. Aber ich bin nicht der mütterliche Typ – es ist bei meinen Schwestern viel besser aufgehoben. Jetzt verstehst du hoffentlich meine Einstellung zur Ehe und meine Überraschung über P. C. Peis taktlosen Vorschlag.« Sie machte eine Pause. »Was würdest du sagen, wenn ich dir erzähle, dass ich über eine Scheidung von meinem Mann nachdenke?« In ihrer Stimme schwang ein neuer Ton mit, und als ich sie scharf ansah, wich sie meinem Blick aus.

»Keine Frage, du solltest dich scheiden lassen!«

Sie seufzte. »Es wird schwierig werden. Vielleicht wird mein Mann nicht zustimmen. Er hat immer noch Gefühle für mich.« Sie stand auf und strich ihr dauergewelltes Haar glatt. »Ob ich mich nun scheiden lasse oder nicht«, sagte sie, »spielt eigentlich keine Rolle. Ich sollte keine Zeit mit Spekulationen verschwenden. Schließlich ist es für die Menschheit nicht von Bedeutung.«

Überaus aufgemuntert von diesem Gedanken, kehrte sie in ihr Zimmer zurück, und wenig später hörte ich das Klappern ihrer Schreibmaschine.

Eines Morgens bemerkte ich beim Frühstück, dass Fräulein Chu ungewöhnlich blass und schmal aussah. Sie hatte gelegentlich Anzeichen von Magenverstimmung gezeigt, hatte aber stets gleichgültig erklärt, sie hätte als Kind zu viel trockenen Reis gegessen. Es sei nichts. Doch dieses Mal gab sie zu, Schmerzen zu haben. »Heute gehe ich zum Arzt«, sagte sie, verließ das Haus und blieb den ganzen Tag fort. Sie war stets unbekümmert mit ihrer Gesundheit umgegangen, so dass ich mir keine Sorgen um sie machte. Als sie über Nacht wegblieb und bis zum nächsten Morgen nicht zurückgekommen war, dachte ich, sie habe bei einem Freund übernachtet. Als jedoch ein weiterer Tag und eine Nacht vergingen, begann ich mir Sorgen zu machen – doch nicht wegen ihrer Gesundheit. Ich hatte nie irgendwelche Fragen gestellt, aber ich war ziemlich sicher, dass Fräulein Chu im Stadtgebiet von Shanghai irgendwelchen verbotenen patriotischen Aktivitäten nachging. Es war damals keine ganz einfache Zeit für die Französische Konzession bzw. Frenchtown – einem großen Teil des nicht-chinesischen Stadtgebiets von Shanghai – und die Internationale Niederlassung, zwischen denen sich der ausländische Vertragshafen befand. Doch es war natürlich nicht so schlimm wie für die chinesische Landbevölkerung, die außerhalb unseres kleinen unantastbaren Fleckchens lebte. Dort waren die Menschen auf Gedeih und Verderb zwei Parteien ausgeliefert, die in dieser nie als Krieg erklärten Auseinandersetzung gegeneinander kämpften.

Den Chinesen und den Japanern ging es um Landnahme, mal hatte der eine und mal der andere die Oberhand. Zu diesem Zeitpunkt hatten allerdings die Japaner das Gebiet ziemlich fest unter Kontrolle. Zumindest sah man ihre Wachpatrouillen rings um uns herum, direkt außerhalb der Stadttore und am anderen Ende der Brücken um die Chinesenstadt. Sie machten uns nervös. Uns war vollkommen klar, dass wir neutral sein *mussten*, wenn wir den Neutralitätsstatus behalten wollten. Ob die Japaner Fräulein Chu bei ihren von mir vermuteten Aktivitäten geschnappt hatten? Wenn sie wollten, konnten sie uns das Leben ganz schön schwer machen.

Als ich am nächsten Abend gerade versuchte, P. C. Pei im Telefonbuch auf den drei Seiten mit dem Namen Pei zu finden, wurde ein Herr Wang gemeldet. Im Wohnzimmer wartete ein mir unbekannter, unscheinbarer Mann, der auf der äußersten Stuhlkante hockte und seine Mütze krampfhaft umklammerte. Der Blick aus seinen braunen Augen war so ängstlich und flehend wie von einem Hund. Er trug westliche Kleidung, wirkte schwächlich wie ein Kind, war eher unattraktiv und seine Lippen zitterten vor Aufregung.

»Guten Abend«, sagte er. »Es tut mir leid, Sie so spät noch zu belästigen. Doch können Sie mir sagen, wo meine Frau ist?«

Gemeinsam steigerten wir uns in weitere Besorgnis. Zu meiner Überraschung sagte er, P. C. Pei sei sein bester Freund. »Ich werde ihn bitten, mir morgen bei der Suche nach meiner Frau zu helfen«, verkündete er. »Und in der Zwischenzeit haben Sie sicherlich nichts dagegen, wenn ich in ihrem Zimmer wohne.«

Ich war dagegen, jedoch nicht sehr erfolgreich. Eine Stunde später lag ich in meinem Bett und überlegte, wo Ying sein könnte, und machte mir Gedanken, was sie wohl sagen würde, falls sie nach Hause kommen sollte, und schließlich darüber, dass Herr Wang vielleicht gar nicht ihr Ehemann war. Er könnte genauso gut ein japanischer Spion sein. Vielleicht wurde Ying gerade von einem japanischen Offizier verhört, während dieser kleine, braunäugige Hochstapler ihre Papiere durchwühlte und belastendes Material suchte. Dann fiel mir ein, dass ich ihn aus dem Augenwinkel ins Badezimmer hatte gehen sehen. Er hatte Yings Bademantel an und auf seiner eleganten Föhnfrisur eine grün-schwarz geringelte Pudelmütze. Bestimmt würde kein Spion eine derartige Mütze im Bett aufsetzen. Ich machte das Licht aus und schlief ein.

Am Morgen fanden Herr Pei und Herr Wang Fräulein Chu in einem chinesischen Krankenhaus, in dem sie für fünfzig Cent am Tag gegen Magengeschwüre behandelt wurde. Es stellte sich heraus, dass in ihrer Sprache die Aussage »zum Arzt gehen« und »ins Krankenhaus gehen« ein und dasselbe war. Eine Woche lang besuchten die beiden Männer sie täglich, und nachts teilte ich mein Heim mit einem Fremden. Das war alles sehr merkwürdig, aber ich wusste nicht, was ich tun sollte. Selbst als Ying sehr dünn und schwach nach Hause kam und zu Herrn Wang in ihr Zimmer einzog, wusste ich nicht, wie ich das Ganze beenden sollte. Wir hatten nie die Gelegenheit darüber zu sprechen, denn wo immer sie hinging, Braunauge trippelte hinter ihr her. Wenn sie mit mir sprach, war sie äußerst zurückhaltend, ernst und von ausgesprochener Höflichkeit.

»Ich bedauere sehr, dass ich für einige Zeit so schwach sein werde, dass ich jemanden brauche, der sich um mich kümmert. Kann mein Mann so lange bleiben, bis es mir wieder besser geht?«

Ich sagte mir, dass es ihre eigene Angelegenheit sei. Ich wusste, dass er auf dem Boden schlief, denn die Matratze war wieder nach oben getragen worden. Seit Yings Rückkehr aus dem Krankenhaus hatte Herr Pei sich nicht mehr gemeldet. Ich war sehr verwirrt. An dem ersten Tag, als Ying wieder ohne Hilfe gehen konnte, kam sie in mein Zimmer, schloss die Tür und ließ sich auf mein Bett sinken. »Ach, ich kann das nicht länger aushalten! Stören wir dich nachts?«, fragte sie.

»Nein, weshalb?« Sie blickte über die Schulter zu der geschlossenen Tür. »Ich werde nie von ihm wegkommen«, sagte sie verärgert. »Jede Nacht streiten wir und ich habe es so satt.« Mit geschlossenen Augen ließ sie sich auf die Kissen sinken. »Zuerst schien er so vernünftig«, sagte sie, und plötzlich, mit offenen Augen, »aber jetzt droht er. Er sagt, wenn ich auf einer Scheidung bestehe, wird er zur Polizei gehen und mich wegen böswilligen Verlassens verklagen. Dann wieder will er aus dem Fenster springen. Was ist nur mit ihm los? Wie kann er immer noch an mir festhalten, wenn ich ihn nicht will? Ist das Liebe? Was ist es?«

Ich machte keinen Versuch zu antworten.

»Man kann nicht mit ihm reden«, sagte sie. »Er ist wie ein Kind, außerdem ist er wegen P. C. Pei furchtbar aggressiv.«

»Ist P. C. Pei auch aggressiv?«, fragte ich.

Fräulein Chus Gesichtsausdruck wurde noch unglücklicher. »Ich weiß nicht, was P. C. Pei denkt. Als mein Mann auftauchte, sagte er, ich solle mir zunächst Zeit lassen. Er sagte: ›Sei nett zu ihm.‹ Und ich war sehr nett, aber nun kann ich es nicht mehr aushalten. Er ist immer um mich herum und will ständig mit mir diskutieren. Seit Tagen habe ich nicht mehr gearbeitet. Er drängt mich ständig zu Versprechungen. Ich habe bereits versprochen, mich ein Jahr lang nicht scheiden zu lassen und P. C. Pei ein ganzes Jahr nicht zu sehen.«

»Aber warum? Meinst du, du wirst es dir noch einmal überlegen?«

»Nein. Ich werde nie wieder mit meinem Ehemann zusammen sein.«

»Aber warum hast du dann dieses Versprechen abgegeben?«

Sie schob den Unterkiefer vor. »P. C. Pei sagte mir, ich solle nett zu ihm sein. Also gab ich das Versprechen. Denn falls nicht, könnte mein Mann zur Polizei gehen oder sich umbringen. Nur muss er sobald wie möglich nach Peiping zurück, sonst werde ich verrückt!« Sichtlich erregt sagte sie: »Wenn er mit dem Schiff fährt, wird er von Bord springen. Es müsste jemand mit ihm fahren und auf ihn aufpassen, damit er nicht herunterspringt.«

»Herr Pei«, schlug ich vor.

Sie guckte verdrießlich. »Vielleicht möchte P. C. Pei nicht in Schwierigkeiten kommen«, sagte sie frostig.

Von der Tür kam ein zaghaftes Klopfgeräusch. Es war Herr Wang, der im Flur wie ein Kind jammerte. »Ying«, rief er. »Ying!«

»Ich verstehe P. C. Peis Haltung nicht«, fuhr Fräulein Chu fort, das Geräusch ignorierend. »Er kommt mich nicht mehr besuchen.«

»Er ist eifersüchtig, das ist alles.«

Sie schüttelte den Kopf. »Als ich ihn heute anrief und bat, vorbeizukommen, sagte er, er sei beschäftigt. Nein, P. C. Pei hat sich entschieden, er will mit all dem nichts mehr zu tun haben.« Plötzlich wandte sie mir hoffnungsvoll ihr Gesicht zu. »Würdest du mit P. C. Pei reden?«, fragte sie.

»Ich?«

»Ja, *du*. Frag' ihn, was er denkt. Finde heraus, warum er so merkwürdig ist. Vielleicht spricht er mit dir. Sag' ihm, wie es mir geht. Du *musst*«, sagte Fräulein Chu ziemlich verzweifelt. »Sag' ihm, dass mir klar ist, dass ich kein Anrecht auf ihn habe. Aber ich möchte, dass er weiß – egal, was er macht –, dass ich *nicht* zu meinem Mann zurückgehen werde. Wenn ich beide nicht haben kann«, sagte sie mit steigender Erregung, »dann werde ich eben niemanden haben. *Ich kann ihn so nicht gehen lassen.*«

»Ying«, jammerte Herr Wang. Im Gehen blieb sie an der Tür stehen und sagte: »Vielleicht denkt P. C. Pei, ich wäre zu meinem Mann zurückgekehrt.«

»Bestimmt. Er ist eifersüchtig, Ying.«

»Aber er hat mir doch gesagt, ich solle nett zu ihm sein. – Ja, ich komme.«

Ich tat mein Bestes und erzählte P. C. Pei alles, was sie mir gesagt hatte und gab ihm einen kurzen Bericht von Yings Gefühlslage. Dabei wunderte ich mich über seine Haltung und war besorgt. Ich dachte, falls er wirklich nicht mehr länger auf sie warten wollte, wäre es besser, es ihr jetzt zu sagen.

Herr Pei stand auf und begann herumzulaufen. »Sie wissen vielleicht nicht, dass ich Fräulein Chu immer verehrt habe, sogar noch bevor Herr Wang sie getroffen hat. Ich hielt sie für eine bemerkenswerte junge Frau. Es war lediglich mein Gefühl, ihr nicht ebenbürtig zu sein, das mich von ihr ferngehalten hat. Als ich von ihrer Ehe erfuhr, war ich überrascht, dass Wang, den ich aus der Schule kannte, überhaupt je daran gedacht hatte, sich um sie zu bemühen. Doch ich nahm an, sie hätten sich verliebt. Und für derartige Gefühle braucht man keine Erklärung. Ich versuchte zu vergessen. Jahre später traf ich Fräulein Chu wieder in Shanghai – allein und frei. Meine Verehrung nahm, wenn dies überhaupt möglich ist, noch zu. Ich bewundere sie derart ...«

»Sie liebt Sie auch«, sagte ich.

Herr Pei entspannte sich sichtlich und wollte von mir noch mehr hören. Ich tat ihm den Gefallen. »Obwohl ich nicht ermächtigt bin, das zu sagen, Herr Pei, bin ich mir sicher, dass Ihre jüngste – ehm – Meinungsverschiedenheit über eine Heirat sich nicht wiederholen wird. Fräulein Chu hat nun erkannt, dass sich die Natur nicht zwingen lässt, ihre politischen Ideale zu befolgen. Sie wird bereit, ja froh sein, Sie zu heiraten; das heißt, falls Sie Ihre Einstellung nicht geändert haben.«

Freudig erklärte Herr Pei, seine Einstellung habe sich nicht geändert.

»Doch, da ist noch Herr Wang«, erinnerte ich ihn. »Er droht zur Polizei zu gehen.«

Herr Pei schnaubte. »Er hat keinen rechtlichen Anspruch. Ich habe mir die Gesetze, die neusten, angesehen. Es gibt nicht einmal die Notwendigkeit einer Scheidung. Nach neuster Gesetzgebung ist sie rechtlich gesehen frei. Bitte sagen Sie ihr das!«

Ich versprach es.

»Und was den Jungen angeht, so bin ich froh, ihm ein Zuhause zu geben. Ich werde ihn wie meinen eigenen Sohn behandeln. Bitte sagen Sie ihr das!«

»Ja, Herr Pei.«

»Offen gesagt, ich war ein bisschen eifersüchtig«, fuhr er fort. »Ich konnte die ganze Woche nicht schlafen. Bitte sagen Sie ihr das!«

Ich verbeugte mich. »Das ist alles sehr schön. Es bleibt nur noch ein Problem. Was ist, wenn ihr Ehemann Selbstmord begehen sollte?«

Er war in Hochstimmung im Zimmer hin- und hergelaufen, nun blieb er stehen und blickte ernst. »Natürlich würde es eine Weile einen Schatten auf unser Leben werfen«, gab er zu. »Immerhin, vielleicht ist es ihm bestimmt, jung zu sterben. Wer weiß?«

Wir blickten uns voller Sympathie an.

»Bitte sagen Sie ihr das«, sagte er sanft.

»In diesem Fall«, sagte Fräulein Chu und sah um Jahre jünger aus, »kann mein Ehemann – ich meine, dieser Mann – morgen nach Peiping abreisen. Es fährt ein Schiff. Ich habe es in der Zeitung überprüft.«

»Wunderbar, und fährt er allein?«

Fräulein Chu blickte mich ernst an. »Oh ja. Nach all dem können wir uns schließlich nicht um die gesamte Menschheit kümmern. Selbst wenn er beschließt, allem ein Ende zu machen – das wird natürlich eine Zeit lang einen Schatten auf unser Leben werfen, aber ...«

»Ich denke, du hast völlig recht«, sagte ich.

Sie zögerte immer noch. »Es ist ein Jammer, trotzdem«, sagte sie. »Es wäre ein Jammer, wenn er so schwach sein sollte. Wenn er doch nur mehr an die gesamte Menschheit und weniger an sich denken würde. Ich kann mir nicht helfen, aber wenn ihm nur jemand diese Dinge im richtigen Licht erklären würde ...«, sagte Fräulein Chu, »du würdest wohl nicht mit ihm reden?«

# Eine moderne Chinesin
## 一个现代的中国人

Ich wusste bereits seit längerem, dass Pan Heh-vens Cousine Ying-ling für die Familie ein Problem war. Doch wie ernst es damit war, erfuhr ich erst an dem Tag, als Heh-ven mir anvertraute, dass sie bereits fünfundzwanzig Jahre alt und noch nicht verheiratet sei. Natürlich fand man das in Shanghai beschämend. Ich konnte auch nicht verstehen, wie man es so weit hatte kommen lassen. Heh-ven hätte nie gewagt zu sagen, dass sein Vater, der Ying-ling adoptiert hatte, schuld daran sei; er gab lediglich seiner Stiefmutter die Schuld, so wie er ihr auch jedes andere Missgeschick zuschrieb. »Die erste Nebenfrau meines Vaters – auch noch zu Lebzeiten meiner Mutter – war immer gegen unsere Pläne, einen Mann für meine Cousine zu finden. Denn, weißt du, es kostet Geld, eine Frau zu verheiraten.«

Bei den verschiedenen Gelegenheiten, bei denen ich Ying-ling begegnet war, schien ihr selbst nicht bewusst zu sein, dass man sie als Blamage ansah. Sie machte stets einen zufriedenen und ausgeglichenen Eindruck, und hätte man mir nicht das Geheimnis ihres Alters offenbart, hätte ich sie in meiner Unwissenheit einfach für ein junges Mädchen gehalten. Sie besuchte oft Heh-vens Familie, wo sie mit den Kindern spielte oder mit seiner Pei-yu plauderte, wenn bis zum frühen Morgen Mahjong gespielt wurde. Ying-ling fertigte außerdem gerne Kissenbezüge mit bekannten Figuren aus Zeichentrickfilmen an. Als ich meine neue Wohnung einrichtete, kam sie in der ersten Woche meines Einzugs vorbei und schenkte mir lächelnd zwei Bezüge aus Satin, die mit Betty Boop und Mickey Mouse verziert waren. Ich benutzte sie sogar, das musste ich einfach. In diesem Augenblick verstand ich endlich, weshalb die von Tschiang Kai-schek ins Leben gerufene Bewegung »New Life« mit ihren kleinlichen Vorgaben trotz allem letztlich ein Segen für China ist. Auf diese Weise wird einem Fräulein Pan praktisch vorgeschrieben, das traditionelle, schmal geschnittene Kleid mit Stehkragen zu tragen. Ginge es nach ihrem Geschmack, hätte sie vermutlich Betty Boop gewählt. Doch für diesen kindischen Typ ist sie zu groß, zu dünn und zu melancholisch.

Einige Zeit nach Heh-vens Geständnis erhielt ich eines Morgens Post, die ich nicht verstand. Als Heh-ven vorbeikam, reichte ich ihm die längliche, mit chinesischen Zeichen und Goldrand verzierte Karte mit fragendem Blick.

»Ach, ich weiß, was das ist«, sagte er. »Das ist eine Einladung. Es ist bloß eine Formel, weißt du – sagt man ›Formel‹? ... Oh, Formalität, danke! Sie ist von meiner Cousine. ›Auf Empfehlung von Mr. Wong Loong-shen und Sze Kung-za (das sind die Heiratsvermittler) haben wir die Ehre, hiermit unsere Verlobung am 4. Januar 1938 um 16 Uhr im Park-Hotel Shanghai anzukündigen. Wir wären außerordentlich geehrt, wenn Sie und Ihre Familie unserer kurzfristigen Einladung nachkommen würden.‹ Unterzeichnet von Fang Tan und Pan Ying-ling – in China wird der Mann immer zuerst genannt.«

Damit schnipste er die Einladung beiseite und griff nach der Zeitung, um die neusten Nachrichten über das

Kriegsgeschehen zu lesen. Offensichtlich interessierte ihn das Thema nicht weiter.

»Was passiert denn jetzt?«, fragte ich. »Du hast mir gar nicht erzählt, dass sich deine Cousine verlobt.«

»Nun ja«, antwortete Heh-ven, »zu guter Letzt hat sie doch noch einen Mann bekommen.«

»Ist das denn nicht schön? Wer ist es? Kenne ich Mr. Fang?«

»Ja, du kennst ihn. Erinnerst du dich an unsere Party, als ich vergessen hatte, einen Tisch im Paradise-Hotel zu bestellen? Weißt du noch, wie der Manager uns schließlich geholfen hat? Das ist Mr. Fang.«

»Du meinst doch nicht etwa den pickeligen Mann mit den rot unterlaufenen Augen?« Ich war entsetzt.

»Er stammt aus guter Familie«, entgegnete Heh-ven leicht pikiert. »In gewisser Weise ist er sogar mit uns verwandt. Meine Cousine kennt ihn schon eine ganze Weile, hat ihn sogar mehrmals allein getroffen und geht jeden Samstag mit ihm zum Tanz. Selbstverständlich werden sie nun heiraten. Du musst nicht all diese Geschichten glauben, die die Ausländer über allzu behütete Chinesinnen erzählen. Wie du siehst, können junge Frauen in China recht frei leben.«

»Will sie Mr. Fang denn heiraten?«, fragte ich.

»Ich denke schon«, antwortete Heh-ven mit leichtem Unbehagen in der Stimme. Da ich weiter wartete, seufzte er und begann über diese Frage nachzudenken. Plötzlich sagte er: »Mit China ist es so eine Sache.« Und als habe sich eine innere Sperre gelöst, fuhr er fort: »Meine Cousine ist eine typisch moderne Chinesin, was du vermutlich nicht so ganz verstehst. Sie hat von modernen Frauen in Europa und Amerika gehört und sie im Kino bewundert. Doch sie traut sich nicht Englisch zu sprechen, obwohl sie die Sprache zwölf Jahre lang gelernt hat. Sie spielt Tennis und tanzt und geht mit jungen Männern zum Tanzen aus. Du fragst dich vermutlich, warum mein Vater als ihr Vormund nichts dagegen unternimmt. Ganz einfach, weil er sich nicht darum kümmert, was seine Kinder machen. Doch für sie ist das alles nicht so einfach. Denn wenn sie mit einem jungen Mann allein ist, hat sie ganz andere Empfindungen als junge Frauen in England. Ich weiß das, denn ich habe dort englische Frauen kennengelernt. Diese jungen Engländerinnen glauben, sie seien wirklich wie Jungen. Sie wollen besser Tennis spielen als die Männer und das denken sie auch, wenn sie mit einem Mann zusammen sind. Doch wenn meine arme Cousine mit einem Mann zusammen ist, denkt sie die ganze Zeit darüber nach, ob er sie wohl auch heiraten wird. Dann wiederum sorgt sie sich, keine moderne Frau mehr zu sein. So ist sie verängstigt, bringt kein Wort mehr heraus, sitzt nur noch da und denkt ans Heiraten. Junge Männer merken das sofort. Daher heiraten sie entweder ein wirklich modernes Mädchen oder eine, die sich besser verstellen kann. Verstehst du jetzt, warum niemand meine Cousine gefragt hat? Außer Mr. Fang.«

»Ich glaube schon«, antwortete ich. »Wann heiraten sie denn nun?«

»Das ist wieder ein anderes Problem«, musste er zugeben. »Meine Stiefmutter wird natürlich wegen der Mitgift Ärger machen – sagt man ›Mitgift‹? Danke! – Ich hoffe, es wird alles vor der Verlobungsfeier geregelt. Denn sonst vergeht zwischen der Verlobung und der Hochzeit zu viel Zeit. Das möchte ich nicht. Ich will schließlich nicht, dass meine Cousine vor der Eheschließung schwanger wird.«

Auf der Verlobungsfeier wirkte Fräulein Pan ein wenig aufgeregt; sie trug ein rotes Brautkleid und hatte eine sternförmige Blüte aus Samt im Haar. Es war keine üppige Feier. Angesichts der Streitigkeiten hätte das keinen guten Eindruck gemacht. Die beiden Heiratsvermittler und Heh-ven als ältester männlicher Vertreter dieser Generation sowie Mr. Pan als Vater des Clans empfingen die Gäste an der Tür. Nachdem alle engeren Familienmitglieder eingetroffen waren, nahmen sie in der Mitte der hufeisenförmigen Tafel Platz. Mir hatte man zur Unterhaltung einen aus dem Ausland zurückgekehrten Studenten als Tischnachbarn zugeteilt. Ich konnte von meinem Eckplatz am Tisch alles genau beobachten. Die Kinder waren besonders hübsch angezogen, hatten ein wenig Rouge aufgetragen bekommen und waren damit beschäftigt, Unmengen zu essen. Die Damen trugen kostbare Roben in gedeckten Farben und waren mit ihrem seidig glänzenden Haar perfekt frisiert. Einige von ihnen waren, wie ich wusste, wirklich alte Damen. Doch es war schwer zu sagen, welche von ihnen. Je wohlhabender sie waren, desto weniger sah man es ihnen an. Als ich sie beobachtete, erinnerte ich mich, dass die Dame in dem dunkelblauen Kleid, die eleganteste von allen Frauen, mit dem glänzendsten Pagenkopf, eine der größten Spielerinnen Shanghais war. Bereits drei Mal hatte sie ihren Ehemann in den Ruin getrieben. Und die beiden Herren, die sich gerade händeschüttelnd voreinander verbeugten, hatten sich 14 Jahre lang gegenseitig wegen eines Erbschaftsstreits verklagt. Heh-vens zweiter Bruder, der neben ihm am Tisch saß, war gerade an dem Versuch, ihm einen gefälschten Vertrag unterzuschieben, gehindert worden, doch beide waren taktvoll genug, diesen Vorfall nicht zu erwähnen. Gegen fünf Uhr brach plötzlich ein heftiger Streit darüber aus, welche Familie vornehmer sei, die der Braut oder die des Bräutigams.

Einige Tage später erklärte mir Heh-ven: »Auf einer Verlobungsfeier muss es einen Streit darüber geben, welche Familie die vornehmere ist. Wenn nicht, ist das beschämend.«

»Hast du nicht gesagt, Ying-lings Verlobter wäre ein Vetter?«, fragte ich.

»Nun, in gewisser Weise ja.«

»Stammt er dann nicht aus derselben Familie? Warum muss man dann darüber streiten?«

Er sah mich verdutzt an. »Man muss darüber streiten«, wiederholte er. »Es geht um die Familienehre. Das verstehst du nicht. Es geht nicht darum, dass er unser Vetter ist. Wir haben jede Menge Vettern.«

Das war nur zu wahr. Mir war ein Ereignis, das sich eines Tages in einem Restaurant abgespielt hatte und Züge einer griechischen Tragödie trug, noch allzu präsent. Heh-ven und ich hatten ein junges Mädchen von außerordentlicher Schönheit bewundert, das in der Nähe unseres Tisches saß. »Ein Sing-Song-Girl«, meinte Heh-ven. »Warte einen Moment, ich werde herausfinden, wie sie heißt, und sie an unseren Tisch bitten.« Er sprach einen Moment mit dem herbeigerufenen Kellner, dann wandte er sich mit hochrotem Kopf zu mir um.

»Mir wäre beinahe etwas äußerst Peinliches passiert«, sagte er. »Sie ist überhaupt kein Sing-Song-Girl. Sie ist meine Nichte.«

Soweit ich informiert war, wurden die Hochzeitsvorbereitungen zügig vorangetrieben. Ying-ling verhielt sich wie immer; sie fertigte einen neuen kunstvollen Kissenbezug mit den Figuren der Drei Kleinen Schweinchen an. Ich fand, sie sah ein bisschen glücklicher aus, was ich auch erwähnte.

»Natürlich«, meinte Heh-ven ruhig. »Sie muss sich jetzt nicht mehr schämen.«

Allerdings stand die böse Stiefmutter dem Glück noch im Wege. Es gab mehrere Treffen, auf denen die Brüder über die Mitgift sprachen, debattierten und argumentierten – alles über Ying-lings Kopf hinweg, die zaghaft versuchte, die Figur des Großen Bösen Wolfs zu sticken.

»Mein Vater meint, er kann es sich nicht leisten unserer Cousine Geld zu geben«, berichtete Heh-ven. »Doch er muss es selbstverständlich tun, da er sie als seine Tochter adoptiert hat. Er sagt, ich solle für ihre Mitgift aufkommen. Doch warum sollte ich? Dieser Krieg wird mich sowieso ruinieren, und dann muss ich auch noch an meine eigenen Töchter denken. Ich treffe mich heute Nachmittag mit meinem Vater, um diese Angelegenheit mit ihm zu besprechen.«

Der ältere Pan, so an seine Verpflichtung erinnert, hatte listig ein neues Argument ins Spiel gebracht, wie mir Heh-ven erzählte. »Jetzt sagt mein Vater, er könne sich keine Hochzeitsfeier leisten, überhaupt keine. Er möchte, dass Ying-ling und ihr Bräutigam in ihr neues Heim einziehen und lediglich Karten verschicken, mit denen sie ihre Eheschließung verkünden. Weiter nichts. Das wäre allerdings ein ziemlicher Gesichtsverlust für unsere Familie.«

»Wäre es denn ausreichend?«

»Ja, eigentlich wäre es ausreichend, Anzeigen zu verschicken. Doch für eine angesehene Familie wie unsere, eine gute Familie, ginge es auf keinen Fall. Als ich meine Frau heiratete, gab es zum Beispiel zwei Hochzeitsfeiern. Wenn ich es mir allerdings recht überlege, war keine von beiden wirklich korrekt. Denn bei der Zeremonie im Hotel haben wir, glaube ich, die erforderlichen Papiere nicht unterzeichnet und bei der Feier zu Hause haben unsere Väter nicht die acht traditionellen Heiratsformeln gesprochen.« In einem Ton wie jemand, der gerade eine Entdeckung gemacht hat, ergänzte er: »Oh je, meine Frau und ich sind gar nicht richtig verheiratet. Wie schrecklich, wo wir doch zusammen fünf Kinder haben.«

Ich glaube, ich verstehe jetzt alles, und ich glaube auch, dass der Gordische Knoten der Pans nun gelöst wurde. Denn gestern kam Heh-ven zu mir und erzählte, dass alles geregelt sei.

»Es wird keine große Mitgift geben«, sagte er. »Aber der Verlobte meiner Cousine ist dennoch bereit sie zu heiraten. Schließlich hat jetzt niemand mehr Geld. In China ist zurzeit alles instabil, stimmt's? Mr. Fang hat zumindest seinen Job im Paradise-Hotel. Meine Familie hat ihm ein Versprechen gegeben, falls er aus irgendeinem Grund die Stelle verlieren sollte. Dazu werden wir auch ein Papier unterzeichnen, damit Mr. Fang sicher sein kann. Falls er nach der Eheschließung entlassen werden sollte, versprechen wir – mein Vater, meine Brüder und ich – Ying-ling wieder zurückzunehmen. Das ist eine faire Abmachung, oder etwa nicht?!«

# Doktor Baldwin

## 鲍特温医生

Damals kam es mir überhaupt nicht merkwürdig vor. Erst
später erkannte ich, wie seltsam das Ganze war.

An einem Oktobernachmittag um halb sechs hatte ich
mir einen Schneidezahn abgebrochen. Eigentlich war es
nicht wirklich der Schneidezahn, sondern nur die Krone.
Ich hatte keinerlei Schmerzen, aber es war unangenehm.
Niemand würde wohl mit einer Zahnlücke herumlaufen
wollen, in der ein kleines goldenes Etwas an Stelle eines
gesunden Zahns aufblitzt. Selbst in China, wo man sich
mit den Zähnen nicht so hat, fühlte ich mich unbehaglich
und wollte mit der Reparatur nicht bis zum nächsten Tag
warten. Außerdem hatte ich – das lag an dem verrückten
Leben in dieser Stadt – noch eine Einladung zum Abendessen. Meine Mitbewohnerin Mary und ich erhielten selbst
während der Kämpfe in Shanghai ständig Essenseinladun-
gen. Es hatte etwas Beruhigendes, wenn man in einer größeren Gemeinschaft über die Probleme reden konnte.

Auf der Suche nach einem Zahnarzt telefonierten wir
in der ganzen Stadt herum. Keiner war in der Praxis, keiner war zu Hause. Wir riefen Amerikaner, Schweden,
Chinesen und Engländer an. Es fand sich kein Zahnarzt.
Einige hielten sich im Krankenhaus auf – ich hatte nie darüber nachgedacht, dass auch verwundete Soldaten Zahn-
schmerzen haben könnten. Andere Zahnärzte wiederum

müssen auf Cocktailpartys gewesen sein, denn wir versuchten es bis halb sieben ohne Erfolg.

Eigentlich wollte ich bei dieser Geschichte etwas Wichtiges verheimlichen. Doch nun merke ich, dass ich darüber sprechen muss, und zwar darüber, wie ich mir den Zahn abgebrochen habe. Es ist mir ein bisschen peinlich, aber wenn ich es nicht erkläre, wird man sich fragen, warum Russell Pong mir so bereitwillig aus meinem Dilemma helfen wollte.

Es war so: Mary und ich hatten einen Gibbon, der Mr. Mills hieß. Er war sehr klein, weshalb die Leute ihn beharrlich als Affen bezeichneten, was mir ziemlich auf die Nerven ging. Affen kann man leicht bekommen, Silbergibbons jedoch nicht. Zudem hatte Mr. Mills keinen Schwanz und er kratzte sich nicht. Weder zerbrach er Sachen – höchstens aus Rache – noch ahmte er Leute nach oder tat irgendetwas Affentypisches – außer zu beißen.

Er war ein absolutes Prachtstück, nur dass er eben manchmal Leute biss. Nun vertrat ich die Meinung, dass die einzige Methode, ein Tier zu erziehen, darin bestehe, dass es dich als seinesgleichen ansieht. Eine Bestrafung sollte der Tat entsprechen und so hatte ich mir den Zahn abgebrochen. Der Grund war Russell Pong, einer unserer chinesischen Freunde, der vorbeigekommen war. Mr. Mills hatte ihn ohne jeden Anlass gebissen und so biss ich Mr. Mills. Im Überschwang vergaß ich allerdings die Krone. So war sie mir ausgebrochen, und damit sind wir wieder am Anfang der Geschichte.

Während wir uns hektisch bemühten, einen Zahnarzt zu finden, saß Russell Pong schweigend neben uns. Schließlich sagte er: »Ich kenne einen Zahnarzt in der

Jinkee-Straße. Ich bin fast sicher, dass er zu Hause ist. Er ist immer zu Hause.«

»Ist er gut?«, fragte ich.

»Er ist großartig«, antwortete Pong. »Er behandelt meine ganze Familie.«

Bei einem Blick auf seine Zähne wollte ich sein Angebot so taktvoll wie möglich ablehnen. Doch Mary meinte: »Er wird sowieso nichts Wichtiges machen. Nicht um diese Uhrzeit. Du willst doch nur, dass er die alte Krone für heute Abend mit etwas Zement befestigt, bis du morgen zu einem richtigen Zahnarzt gehen kannst. Warum willst du es nicht mit ihm versuchen?!«

Offenbar gehörte er zu der Sorte von Zahnärzten, die kein Telefon haben. Es gab keinen anderen, wirklich keinen, und ich wollte schon aufgeben. Doch schließlich riefen wir ein Mädchen an, das in der Jinkee-Straße wohnte, und baten sie, ihren Hausdiener vorbeizuschicken und einen Termin zu vereinbaren. Nach 15 Minuten hatte ich schließlich die Verabredung.

Es wurde bereits dunkel, als Russell und ich uns auf den Weg machten.

»Natürlich muss ich dich begleiten«, hatte er gemeint. »Schließlich hast du dich bei meiner Verteidigung verletzt.« Ich holte meinen Wagen und wir fuhren eilig los, ohne auf die Kampfgeräusche zu achten, die nach Sonnenuntergang an Stärke zugenommen hatten.

Ich erklärte Russell meine Theorien über die Dressur von Affen. Er war aber eher der intellektuelle Typ, der meine Methoden grausam fand.

»Was man bei der Mentalität von Affen nicht versteht...« war ich gerade dabei zu erklären, doch in diesem

Augenblick wurden Gibbons vollkommen nebensächlich. Wir waren mitten in ein Inferno aus krachenden Blitzen geraten. Rings um uns stürzten zischend Leuchtspurgeschosse und Granaten herunter; die Luft war wie nachtdunkles Wasser, in dem Leuchtfische ziellos herumtrudelten. Ich trat mit voller Wucht auf die Bremse, so dass der schleudernde Wagen mitten auf der Straße zum Stehen kam. Als die Türen aufsprangen, rannten wir schutzsuchend davon. Ich erinnere mich an den Schwefelgeruch und wie die Jinkee-Straße sich mit verschlossenen Türen und Fenstern ganz ungewohnt präsentierte, bis sich ein eisernes Gittertor ein wenig öffnete und jemand aus dem Dunkel auf Chinesisch rief: »Schnell! Beeilt euch!«

Nachdem wir uns durch den Spalt gezwängt hatten, schloss sich hinter uns das Tor. Dann starrten wir uns in dem ab und zu aufblitzenden Lichtschein an. Der Mann, der uns die Tür geöffnet hatte, war eine Art Kuli und weiter hinten, von wo aus man alles ohne allzu große Gefahr beobachten konnte, waren im Schatten des Torgitters einige Männer, Frauen und Kinder zu erkennen – der Kleidung nach einfache Bedienstete und ihre Familien. Wir befanden uns in einem tiefer gelegenen, langgestreckten und dunklen Hof, von dem steile Feuertreppen zu den Fluchttüren führten. Während wir uns umsahen, explodierten in der Umgebung zwei, drei Bomben.

Schließlich mussten wir nicht mehr nach Luft ringen und brachen in befreiendes Lachen aus. Auch die Kulis lachten und Russell fing an mit ihnen zu plaudern. Draußen war es ruhiger geworden, abgesehen von dem Geräusch einer Querstraße zur Jinkee-Straße. Dann begann das Bombardement erneut.

Russell wandte sich zu mir um und erklärte: »Sie sagen, man kann durch dieses Gebäude hindurch zum Haus des Zahnarztes gelangen. Wir sollten es versuchen.«

Ein kleines Mädchen in Hosen führte uns eine klapprige Feuertreppe hinauf. Durch eine Tür im zweiten Stock erreichten wir einen lang gezogenen Flur, der mit allerlei Plunder vollgestopft war. Dazwischen sah man die Umrisse schlafender Menschen. Wir liefen an zersplittertem Glas vorbei durch eine Tür, danach in einen mit schäbigem grünem Plüsch ausgeschlagenen und von einer Gaslampe erleuchteten Korridor und schließlich zu der Tür des Zahnarztes. »F. Baldwin« stand kaum leserlich auf der Milchglasscheibe. Wir klingelten und mussten ziemlich lange warten. Die Geräusche des Bombardements waren nur noch gedämpft zu hören.

»Sie müssten ihr Ziel bald erreicht haben«, flüsterte ich. »Ist keiner da?«

Jemand schob den Stoffvorhang beiseite und sah uns durch den Türspalt prüfend an. Dann wurde die Tür geschlossen und nachdem eine Kette gelöst worden war, schwungvoll wieder geöffnet. Ein junger Chinese, der einen schmutzig-weißen Kittel trug, führte uns durch einen stockdunklen, sehr großen Raum in ein winziges Behandlungszimmer. Nichts war hier weiß, außer dem Kittel des Jungen und dem Hemd des Mannes, der uns begrüßte.

Ganz offensichtlich kannte Russell den Mann nicht, einen hochgewachsenen, runzligen Eurasier in Hemdsärmeln. »Wir wollten zu Doktor Baldwin«, brachte Russell unsicher hervor. Ein zweiter Junge im weißen Kittel drückte sich an der Tür herum. Die einzige Lichtquelle war eine Leselampe an der Anrichte.

»Ich bin Doktor Baldwin«, sagte der Mann und lächelte. »Was kann ich für Sie tun?«

Russell lachte zu laut. »Natürlich, Sie sind sein Bruder.«

»Ja«, sagte der Eurasier. Dann schwiegen sie. Ich bedauerte inzwischen hergekommen zu sein.

»Wie geht es Ihrem Bruder?«, fragte Russell schließlich.

»Er ist tot«, antwortete der Mann gleichmütig. »Starb vor acht Monaten.«

»Oh!« Russell war ziemlich verlegen und erschrocken. »Es ... es kam sehr plötzlich, oder? War es das Herz?«

»Ja«, sagte der Eurasier. »Und was kann ich für Sie tun?«

An dieser Stelle schaltete ich mich ein. »Ich glaube, ich sollte besser warten. Wenn Mr. Pongs Zahnarzt nicht ... nicht ...«

»Ich bin auch Zahnarzt«, sagte Dr. Baldwin sehr bestimmt.

»Sind das nicht die Söhne Ihres Bruders?«, fragte Russell. Die jungen Chinesen traten verlegen von einem Fuß auf den anderen. Der hoch gewachsene Mann lächelte erneut.

»Ja, wir führen die Praxis weiter. Ist es der Schneidezahn, gnädige Frau?«

Es blieb mir nichts anderes übrig: Ich setzte mich auf den abgeschabten Ledersessel, der höher gestellt wurde. Dr. Baldwin blickte mir behutsam in den Mund. Als ich ihm die beiden Porzellanstücke gab, schüttelte er den Kopf. »Das wird nicht halten«, sagte er. »Sie brauchen einen neuen Zahn.«

»Ich weiß, aber können Sie ihn nicht nur für heute Abend wieder fest machen? Ich ...« Ich zögerte und dann log ich edelmütig. »Ich könnte morgen wiederkommen und dann könnten Sie mir einen neuen einsetzen. Was halten Sie davon? Allerdings brauche ich diesen Zahn heute Abend. Ich werde auch sehr vorsichtig sein und nicht damit beißen.«

Immer noch zweifelnd gab Dr. Baldwin der Zweite den Jungen Anweisungen. Während der Zement gemischt wurde, unterhielt sich Russell mit dem Doktor, hielt aber gleichzeitig Abstand zum Behandlungsstuhl. »Er ist ihr abgebrochen, als sie einen Affen gebissen hat – ich meine einen Menschenaffen«, sagte er. »Also eigentlich war es ein Gibbon.«

»So«, meinte Dr. Baldwin, ohne großes Interesse. »Weiter öffnen, bitte!« Er wandte sich dem staubigen Schrank zu und suchte nach einem anderen Instrument. Draußen schien der Lärm ganz aufgehört zu haben.

»Wo ist Ihr Bruder beerdigt worden?«, fragte Russell. Und nachdem er die Antwort erhalten hatte, fragte er erneut: »Unter welchem Namen, dem ausländischen oder dem chinesischen?«

Doktor Baldwin zögerte und beschäftigte sich mit dem Abmessen der Porzellanmenge. »Dem chinesischen«, sagte er nach einem Moment und ergänzte, »selbstverständlich.«

»Selbstverständlich«, sagte Russell hastig.

Einer der Jungen hatte meine Krone befestigt. Jetzt war nichts mehr zu tun, außer mit offenem Mund zu warten, während der Zement trocknete.

Ich bemerkte, dass alle Vorhänge zugezogen und die Wände über und über mit Familienfotos bedeckt waren.

In den Schmuckrahmen gab es Fotos der weit verzweigten Verwandschaft. Alles war jedoch so ausgeblichen und verstaubt, dass ich nicht mehr daran dachte, wie wichtig mir mein Zahn war und nur noch weg wollte. Schließlich ließ man mich gehen.

Wir verließen die Praxis durch eine andere Tür zur Jinkee-Straße. Alles war ruhig. Fenster und Türen waren jetzt nicht mehr verschlossen. Mein Wagen wartete unberührt mit offenen Türen mitten auf der Straße. Jenseits des Suzhou-Creek hörten wir Bomben explodieren.

»Sie sind abgezogen«, sagte ich. Alles war gut. Was auch immer sich tat, es betraf uns nicht. Wir fuhren los und wandten uns, so schnell wie möglich, dem anderen Teil der Stadt zu. Nachdem ich Russell abgesetzt hatte und nach Hause gefahren war, blieb gerade noch Zeit, mich für das Dinner umzuziehen.

Das ist vermutlich alles, was ich je über Dr. Baldwin wissen werde, außer dass Ende des Monats seine Rechnung eintraf. Sie betrug fünf Dollar und war auf »Mrs. Russell Pong« ausgestellt.

# Fahrt nach Süden

## 驶向南方

Unser Dampfer bewegte sich in flottem Tempo flussabwärts auf die Yangtse-Mündung zu. Als wir uns jenseits der verfallenen Mauerreste von Yangzipu und Chapei befanden und auch die winzigen Boote der Japaner hinter der Stadt zurückgelassen hatten, war der Himmel unwahrscheinlich klar. Nach drei Jahren in Shanghai hatte ich vergessen, wie blau das Meer sein konnte; selbst die Farbe des Huangpu erinnerte an Wasser. Doch der britische Kapitän grummelte, dass das Wasser entlang der chinesischen Küste nie wirklich blau sei. Doch ich war zufrieden.

Es war ein kleines Schiff. Keiner der Offiziere wollte eine Zusage über unsere Ankunftszeit in Hongkong machen. Normalerweise betrug die Fahrt drei Tage – zwei auf einem großen Schiff –, doch das Reisebüro in Shanghai, wo ich meine Fahrkarte gekauft hatte, war in dieser Frage nicht nur zurückhaltend, sondern ausgesprochen schweigsam gewesen. Als wir den Huangpu verlassen und die Bucht erreicht hatten, klärte sich alles auf: Das Schiff versuchte hier und dort Ladung aufzunehmen – chinesische Fracht – und wegen der japanischen Kanonenboote würde es sich um ein Katz- und Mausspiel handeln. Bei einem derartigen Versteckspiel konnte es natürlich keinen Zeitplan geben. Wir fuhren vorsichtig zwischen den Inseln hindurch – vom

Morgen bis zum Abend. Manchmal waren aus der Funkkabine am Oberdeck Kommandos zu hören: Wir sollten hier anhalten, wir sollten dort nicht anhalten; Leute, die nicht enttäuscht werden dürften, würden in diesem und jenem abgelegenen Dorf auf uns warten. Ab und an wurden wir über aktuelle Ereignisse informiert, doch diese Nachrichten waren so zerstückelt und durch die Handschrift des chinesischen Funkers entstellt, dass sie uns unwirklich erschienen. Jeden Tag geriet die Außenwelt weiter in Vergessenheit. Wenn der Kapitän im Salon die Nachrichten vorlas, hörten wir höflich zu. Wir waren besorgt wegen des deutsch-sowjetischen Nichtangriffspaktes und zeigten Interesse, wenn wir von einem Ausländer in Shanghai erfuhren, der ins Gefängnis gekommen war, weil er den japanischen Kaiser in Gestalt eines unbedeutenden Wachsoldaten beleidigt hatte. Doch das war nicht unsere Realität, wir verfolgten die Weltereignisse, als handele es sich um einen Roman. Was wirklich zählte, war das Dröhnen der Schiffsmotoren und der Speisplan für das Mittagessen.

Selbst als auf Anweisung irgendwelcher geheimnisvoller Autoritäten die Schiffsmotoren abgestellt wurden und wir vor Anker gehen mussten, kümmerte es uns Passagiere nur wenig. Dafür war die Landschaft wirklich zu malerisch. Wir blieben lange nahe einer Stadt an einem Goldstrand mit einem weißen Zollhaus, das wie ein Palast hoch oben an einem grünen Berghang lag. Eine halbe Nacht blieben wir in der Nähe eines aus Pfahlbauten bestehenden Ortes, bei einer Insel, deren Küstenstrich an Griechenland erinnerte. Unser Schiff steuerte vorsichtig an den schwankenden Dschunken und kleinen Fischerbooten vorbei, die seit ewigen Zeiten zwischen den Inseln hin- und herziehen.

Eines Morgens wachte ich auf und stellte fest, dass wir über Nacht im Kreis gefahren waren. Irgendeine Funkmeldung war nicht rechtzeitig durchgekommen, und als der Kapitän sie schließlich erhalten hatte, hatte er geflucht und war 160 Meilen zu der Stadt am Goldstrand zurückgefahren, die wir zuvor besucht hatten. Um zurückzukehren hatte er eine Art Schleichweg benutzt, eine Route hinter einer großen, üppig bewachsenen Insel, so dass das japanische Kanonenboot, das angeblich Backbord lag, das Manöver nicht sehen und neugierig werden konnte.

Das erwähnte Kanonenboot interessierte mich kaum. Als ich daher die Gelegenheit erhielt, ging ich auch nicht nach oben an Deck, um es mir anzusehen; auch sonst niemand von den Passagieren. Ich weiß nicht, was die anderen darüber dachten, doch ich hatte keine Lust, über ein japanisches Kanonenboot nachzudenken oder es mir anzusehen. Wir ankerten nun erneut am Goldstrand. Es war ein herrlicher Tag, klar und leicht windig. Um uns herum wimmelte es von Fischerbooten mit Kulis – Männern und Frauen –, die zum Unterdeck unseres Schiffes hasteten, um der Schiffsbesatzung Lebensmittel zu verkaufen. Sie trugen etwas, das aussah wie seltsame rote Bananenstauden. Als ich sie später an Deck zum Trocknen ausgebreitet sah, erkannte ich, dass es rote Tintenfische waren. Unser eigenes Essen bestand weiterhin aus langweiligem, aber sättigendem Lammcurry und kaltem Schweinefleisch. Das machte aber nichts.

Ich fand es bald schöner, vor Anker zu liegen, als zu fahren. Das Meer war ruhig und das langsame Heben und Senken der Wellen so beruhigend, als läge man in einer Wiege. Bis auf eins waren alle Fischerboote weg gefahren. Ringsum herrschte Stille. In der Sonne wurde alles – der gelbe Sand, die aus dem blauen Wasser aufragenden grünen Hügel, die weißen Häuser und die schlichten Boote – in einen kindlich-reinen Farbglanz getaucht. Es war sehr, sehr still – so still, dass die Stille zu dröhnen schien.

Die Stille dröhnte wirklich. Das Dröhnen wurde lauter und lauter; im Rhythmus eines Herzschlags, dann doppelt so schnell, und dann, als wir alle gerade an die Reling stürzten – die Mannschaft, Küchenjungen, Passagiere und Soldaten – kamen die Flugzeuge von Osten herangeflogen. Es waren drei, klein und beweglich, über den Inseln. Niemand hatte bisher etwas gesagt. Dann rief der Maschinist, eigentlich unnötig und ohne sich dessen vermutlich bewusst zu sein: »Dort, da sind sie!« In dem Moment waren sie im Sturzflug über uns, so dass wir sogar die Piloten schemenhaft erkennen konnten. Dann zogen die Maschinen, die Bugspitze himmelwärts gerichtet, steil nach oben und flogen wieder davon, als hätte es uns nie gegeben. Wie die Zuschauer bei einem Tennismatch wendeten wir alle gleichzeitig unsere Köpfe in die gleiche Richtung und blickten ihnen nach. Sie flogen kreuz und quer, machten Loopings, drehten ab und wendeten wieder.

Direkt hinter der Spitze der großen Insel lag eine Dschunke. Ich hatte sie bereits zuvor entdeckt, hauptsächlich weil ich außer der Mastspitze und einem zerrissenem Segel, das mit Schweineblut geschwärzt worden war, um es haltbarer zu machen, nichts hatte erkennen können. Ich erinnerte mich daran, als wir alle auf die andere Seite zur Reling gingen, um die Flugzeuge zu beobachten. Denn das einzige Fischerboot, das sich immer noch an unserer Seite befand, war nun vollkommen leer. Die Insassen waren an Bord unseres Schiffes geklettert und hatten sich unter die Reling auf dem Deck zusammengekauert: ein dürrer Mann mit Bart, der nur mit einem Stofftuch um die Hüften bekleidet war, eine rundliche Frau mittleren Alters, deren langer Zopf ihr über den Rücken fiel, ein etwa achtjähriger Junge und ein nacktes Baby, das gerade stehen konnte. Alle außer dem Baby hockten auf ihren Fersen und hielten sich ganz unnötigerweise versteckt, denn die Piloten hätten sie dort, wo sie jetzt waren, unmöglich sehen können. Der Blick der Frau wirkte stumpf und leer, auch der kleine Junge blickte ausdruckslos vor sich hin. Nur der Mann schien wach, fast fröhlich. Dann sah ich, dass die Knöchel an seinen Händen, mit denen er das Baby an der Taille umklammerte, weiß hervortraten.

Keiner auf dem Schiff – Offiziere, Matrosen und Soldaten – beachtete diese Gruppe, die sich eng aneinander drängte. Wenige Minuten zuvor hatte die Mannschaft die Kulis noch vom geheiligten Deck gescheucht. Jetzt kümmerten sie sich nicht um solche Nichtigkeiten. Mit jeder Faser ihres Herzens folgten ihre Blicke den herab schnellenden Silberpfeilen, die fröhlich über die Inselspitze zu fliegen schienen. Ich hörte zuerst zwei, dann drei leichte Geräusche – plop, plop. Jemand schießt mit einer Zündplättchenpistole, dachte ich. Dann gab es ein Geräusch, lauter als das Brummen der Flugzeuge, ein lustiges Blubbern, gleichförmig und regelmäßig – Maschinengewehre. Ein Flugzeug nach dem anderen verschwand hinter dem Horizont, tauchte dann wieder hinter der Insel auf – eins, zwei, drei. Sie kreisten wie Schwalben, dann tauchten sie an der gleichen Stelle ab. Ab und an verstummte das

Maschinengewehrfeuer, wie zum Luftholen, um dann wieder einzusetzen. Der Mast der Dschunke und das geschwärzte Segel bewegten sich ein wenig, machten ziellose Bewegungen und schienen abzusacken. Es war schwer zu sagen, was passierte: Niemand sagte ein Wort.

Das ging eine Zeit lang so weiter. Dann stiegen die drei Flugzeuge plötzlich steil in die Höhe, wackelten großspurig mit den Schwänzen und flogen in geordneter Formation Richtung Japan davon. Rings um die Spitze unserer Insel, an der jetzt weder Mast noch Segel mehr zu sehen waren, waren jetzt andere Geräusche zu hören. Schreie, mal laut, mal schwach, dann wieder laut wie das Krähen eines Hahns. Alle beobachteten die Familie des Fischers, als sie davonzogen. Der bärtige Mann grinste, hintersinnig und triumphierend. Die Frau hielt das Ruder; der kleine Junge war voll und ganz damit beschäftigt, ordentlich abzulegen, indem er das Boot mit dem Bootshaken abstieß. Das Baby war an irgendetwas festgebunden, hing halb über dem Wasser und zappelte mit den Händen, als sie davonfuhren.

Ich blieb mit dem zweiten Offizier allein zurück. Ich musste etwas sagen, etwas Dringendes. »Diese Flugzeuge«, sagte ich, »sie hätten nicht wirklich ...«

»Unsinn. Ich habe sie in Pakhoi gesehen. Sie fuhren in einer Barkasse die Küste entlang, den ganzen Strand entlang, wo die Dschunken lagen, sie haben den ganzen Küstenstrich mit Maschinengewehren beschossen – auch die Menschen, die den Strand entlang flohen. Richtige Mörder«, sagte er leichthin. »Unsere Anwesenheit machte überhaupt keinen Unterschied.«

Die See hatte sich von Blau in ein strahlendes Grün verwandelt. Sie war bewegter als zuvor, so dass die Sonne auf den Wellenspitzen glitzerte. Alles war wieder friedlich und fast wie zuvor, abgesehen von den Geräuschen hinter der Inselspitze. Lange Zeit sprach ich kein Wort, schließlich sagte ich: »Dieser Schrei. Hören Sie doch. Ist das ein Hahn?«

»Nein«, sagte der zweite Offizier.

# Der verschwundene Jadering

## 丢失的玉戒指

Der Frieden meines Heims, um den mich alle Welt in Shanghai beneidete, ist verschwunden. Es war meine eigene Schuld. Weshalb nur musste ich das Schicksal herausfordern, jammerte ich, und in dieser vom Krieg gebeutelten Stadt meinen eigenen kleinen Frieden genießen wollen. Es ist wahr, dass mein Koch Chin Lien der beste Koch der Welt war – doch ich hätte nicht so mit ihm prahlen sollen. Er war ein älterer Herr aus Peiping, der sich selbst zu meinem »verdienstvollen Großvater« ernannt hatte. Während meines Chinesischunterrichts pflegte er mit einem anerkennenden Lächeln an der Tür zu stehen und mir zuzuhören – und er bereitete mir viele, zu viele herrliche Speisen zu, und nie fälschte er die Rechnungen. Er liebte große Partys. Er hielt alles sauber, und wenn es nichts zu tun gab, zog er sich in die Küche zurück, wo er die im Wohnzimmer eingesammelten Zigarettenkippen rauchte und ging danach schlafen. Er war nur streng mit mir, wenn ich faul war und Englisch mit ihm sprach oder seiner Meinung nach zu viel Geld für Alkohol ausgab. Meine ausländischen Freunde nannten ihn einen seltenen Schatz; ich stimmte ihnen glücklich und aus vollem Herzen zu. Daher war es eine böse Überraschung, als auf einmal Dinge verschwanden.

Zuerst vermisste ich Geld, dann einen Jadering. Nun

wurde mir klar, dass etwas geschehen musste. Da ich keine gute Hausfrau bin, war Chin Lien für mich sehr wertvoll und aus diesem Grund hatte ich auch seine Frau zum Wäsche waschen eingestellt. Ich bin auch keine vornehme Gutsbesitzerin, und in einer Stadt, in der Hausangestellte dreißig mexikanische Dollar im Monat kosten, war ich mit Chin Lien und seiner Frau überbesetzt. Ich hatte keinen Kuli, keinen Chauffeur oder Hausdiener, die ein herumliegendes Schmuckstück mitnehmen könnten; es gab nur Chin Lien und diese Waschfrau. Trotz seiner Kochkunst, der Chinesischstunden und seiner Ehrlichkeit beim Einkauf der Lebensmittel schien es, als hätten Chin Lien oder seine Frau – was auf dasselbe hinauslief – mich bestohlen. Es war furchtbar.

Stundenlang dachte ich darüber nach und malte mir eine düstere Zukunft ohne Chin Lien aus. Ehe ein glücklicher Umstand ihn mir gesandt hatte, war ich von der Gnade eines derart grauenhaften Kochs abhängig gewesen, dass ich ihn eigentlich nicht einen Tag hätte behalten wollen – doch ich muss zugeben, dass er mich ein ganzes Jahr lang schikanierte. Dann verließ er die Stadt, vermutlich auf Anordnung der Polizei, und Chin Lien kam zu mir, nachdem er auf Grund einer Auseinandersetzung mit seinem Arbeitgeber frei geworden war. Er *besaß* ein schwieriges Naturell, aber wir kamen miteinander aus. Er war ein Künstler; er verlangte Anerkennung und bei mir erhielt er sie. Als meine Freunde seine Braten und süßen Nachspeisen verschlangen und ihn lauthals lobten, da besserte sich auch seine Laune. Manchmal wurde auf irritierende Weise deutlich, dass Chin Lien meine männlichen Bekannten mir vorzog, besonders die chinesischen. Sobald Heh-ven auftauchte, zauberte er einen wunderbaren Kuchen oder andere Delikatessen aus dem Nichts, ohne dass ich von deren Existenz in unserem Haus gewusst hätte. Und auf irgendeine Weise schaffte er es sogar, sparsam mit meinem Geld umzugehen. Ich mochte Chin Lien und er mochte mich – bis ich den Ring verlor.

Ich erzählte ihm, dass er verschwunden war, und ging dann aus dem Haus, um ihm die Chance zu geben, ihn zu finden und zurückzulegen. Als ich zurückkehrte, war der Ring immer noch verschwunden. Chin Lien hatte überall gesucht, selbst in einer Schokoladenschachtel. Wir sahen uns an. Ich wunderte mich über ihn; er, mit seinem altersweisen Gesicht, wunderte sich offensichtlich über nichts. Er ärgerte sich über mich, weil ich den Ring verloren hatte, das war alles. In seinem Kopf keimte im Gegensatz zu meinem kein Verdacht. Ich saß grübelnd im Wohnzimmer, als Heh-ven vorbeikam. Ich erzählte ihm die ganze Geschichte. Er setzte sich zu mir und blickte ernst.

Ich erwartete keine wirkliche Hilfe von ihm. Sein eigenes Heim – bevor der Krieg ihn zum Umzug zwang – war wie er selbst: chaotisch. Im Haushalt der Pans gab es Dutzende von Bediensteten, die alle bereits seit Heh-vens Geburt angestellt waren und sich auch dementsprechend verhielten. Sie beteiligten sich an den Familiengesprächen, sie gaben ungefragt Ratschläge, sie stahlen und waren laut – wurden jedoch nie, niemals entlassen. Heh-ven lebte in ständigem Schrecken vor ihnen. Als ich ihn eines Tages fragte, wo der Chauffeur sei, antwortete er jammernd: »Ich weiß nicht. Ich habe ihn seit drei Tagen nicht gesehen. Ich hoffe, er kommt bald zurück, denn er hat meinen Wagen mitgenommen.«

»Warum stellst du keinen neuen Chauffeur ein?«, fragte ich sanft. Es hat keinen Sinn sich über die Chinesen aufzuregen. »Verschwindet dieser Mann nicht ständig? Ich denke, du solltest dir lieber einen anständigen Fahrer suchen.«

»Aber nein«, sagte Heh-ven schockiert. »Sag über Ah-Kwei, was du willst. Aber ich bin noch nie entführt worden, oder?«

Das war natürlich richtig. Hätte man Heh-ven entführt und Lösegeld verlangt, hätte es seinen Vater viel mehr gekostet ihn frei zu bekommen, und ich bin mir übrigens keineswegs sicher, ob Mr. Pan für ihn gezahlt hätte. Man hätte Heh-ven wahrscheinlich Finger für Finger, Ohr für Ohr und in eher beklagenswertem Zustand zurückgegeben. Ja, Heh-ven wusste, was er tat, wenn er Ah-Kwei gegenüber nachsichtig war. Im Hinblick auf mein Problem mit Chin Lien hatte ich jedoch Hoffnung; denn Heh-ven ist Chinese, und ich führte meinen Haushalt auf chinesische Weise, und vielleicht konnte er mir sagen, was ich tun sollte. Ich wartete.

»Ich werde mit Chin Lien sprechen«, sagte er schließlich. Ich klingelte nach ihm. Der alte Mann schlurfte herein und die beiden redeten lange. Ich beobachtete ihre Mienen, um jede Phase ihrer Diskussion verfolgen zu können – das allgemeine Thema Krieg, dann eine gekonnte Überleitung zu dem Thema Jade, Chin Liens Verwirrung über den Dieb, Heh-vens geschickte Anschuldigung, Chin Liens würdevolle Zurückweisung und schließlich minutenlang beiderseitige Spekulationen. Ich merkte, dass beide dabei höflich blieben und auch über mich ausgiebig sprachen. Ich war ungeduldig und neugierig, bis Chin Lien sich endlich verbeugte und stirnrunzelnd in die Küche zurückschlurfte.

Heh-ven zündete sich eine Zigarette an und machte es sich mit einem guten Buch bequem.

»Nun?«, fragte ich gespannt. »Was ist mit dem Ring?«

»Ach, der Ring. Er sagt, er hat ihn nicht genommen.«

»Heh-ven!«

Er war überrascht und verletzt. »Was soll ich denn noch machen?«

»Das ist es, was ich dich frage. Was kann ich machen? Es kann jeden Augenblick etwas verschwinden. Was machen Chinesen, wenn so etwas passiert?«

»Wir reden«, sagte Heh-ven. »Was machen Ausländer?«

»Nun, wir machen etwas mehr als nur reden. Ausländer rufen die Polizei.«

»Und wozu ist das gut?«, wollte Heh-ven wissen. »Die Polizei redet auch und dein Ring bleibt immer noch verschwunden. Außerdem war es kein besonderer Ring. Meine Frau wird dir einen anderen geben. Ich sehe aber auch, dass es so nicht weitergehen kann. Nein, es ist lächerlich.«

»Das hört sich schon besser an«, sagte ich dankbar. »Erinnere dich daran, dass du es warst, der mir geraten hat nichts wegzuschließen, weil man in China so ehrlich ist.«

»Habe ich das? Wie dumm von mir. In unserem Haus sind ständig Sachen verschwunden ... Na gut, lass uns überlegen. Wer war hier, als du das erste Mal Geld verloren hast? Chin Lien hat gesagt, dass hier immer viele Leute sind, und das stimmt. Du hast so viele Bekannte. Kannst du dich erinnern, wer an jenem Tag hier war?«

»Ja«, sagte ich. »Ich habe immer und immer wieder darüber nachgedacht. Da war einer von der Marine, aber seitdem habe ich ihn nicht wieder gesehen. Dann waren eine junge Frau aus New York, Sophie Ginsburg, und Mr. Yamamoto, Graf Petroff und Virginia Lee zum Tee bei mir. Es kann keiner von ihnen sein, nicht einmal Sophie; ich kenne sie nicht sehr gut, aber sie war schon nach Amerika zurückgefahren, ehe zum zweiten Mal Geld gestohlen wurde.«

»Hm.« Heh-ven zupfte nachdenklich an seinem Schnurrbart, was ihm ein kluges Aussehen verlieh.

»Dann musste ich noch mehr Geld von der Bank abheben, um die Steuern für die Wohnung zu bezahlen. An dem Abend verschwand zum zweiten Mal Geld und, du erinnerst dich, an jenem Abend warst du gemeinsam mit deiner Frau und Graf Petroff hier. Ihr habt nach dem Abendessen die halbe Nacht zusammengesessen und über Ästhetik geredet. Ich bin dabei eingeschlafen, erinnerst du dich?«

»Also sind es entweder Chin Lien, seine Frau, Graf Petroff, meine Frau oder ich«, sagte Heh-ven. »Nun, Petroff ist nicht in dein Schlafzimmer gegangen, also kann er es nicht sein. Ich auch nicht. Meine Frau ging ins Bad, aber wenn sie das Geld genommen hätte, wüsste ich es.«

»Sei nicht albern«, sagte ich.

»Aber Chin Lien und die Waschfrau haben dir geholfen, dich für die Schule fertig zu machen, und in der Schule hast du entdeckt, dass das Geld weg war.«

»Ach Heh-ven, es muss Chin Lien gewesen sein, und doch kann er es nicht sein.«

»Ja, ja.« Heh-ven begann wie ein altmodischer Detektiv auf- und abzutigern. »Lass mich nachdenken!«

»Und was mache ich solange?«

»Solange schließt du alles ein. Aber du hast nichts zum

Einschließen. Dann trag' einfach allen Schmuck, der noch da ist, die ganze Zeit mit dir herum, während ich darüber nachdenken werde. Ich kann nicht glauben, dass es der alte Mann ist. Es muss die Ehefrau sein. Sie ist jung, er ist alt, natürlich hat sie einen Liebhaber. Verstehst du?« Er war mit seiner neuen Theorie sehr zufrieden. »Natürlich, das ist es. Und der Liebhaber will Geld, siehst du. In China passiert so etwas ständig. Doch es ist schwierig, weil wir Chin Lien nicht sagen können, dass seine Frau einen Geliebten hat.«

»Angenommen, ich sage es der Polizei?«

»Nun, das kannst du natürlich auch tun. Dafür ist sie da. Ich muss jetzt gehen. Erzähl' mir, was die Polizei gesagt hat.«

Beim Abendessen, das ich allein einnahm, vermieden Chin Lien und ich einander in die Augen zu sehen. Ich war von oben bis unten mit Broschen vollgesteckt und schleppte meine Handtasche von einem Zimmer ins andere. Er wusste nun, welche Gedanken mich beschäftigten, und mir kam es so vor, als sei das Essen nicht so gut wie sonst. Ich fühlte mich nicht wohl und war unglücklich. Ich hatte beschlossen, die Polizei nicht anzurufen, bis ich den Rat von Mr. Lou eingeholt hatte, einem Ministeriumssekretär, der mich an dem Abend besuchte. Er war sehr beunruhigt, als ich ihm die Geschichte erzählte.

»Schicken Sie den Koch nicht fort«, rief er aus. »Was auch immer Sie vorhaben, lassen Sie ihn nicht gehen! Meine Frau hat einmal etwas in unserem Haus verloren und so drohte sie der Dienerschaft, sie würde die Polizei rufen und ich weiß nicht was sonst noch alles. Nach einigen Tagen waren die Sachen wieder da. Drohen Sie nur und dann warten Sie eine Weile ab. Immerhin ist er nicht weggelaufen. Das ist ein gutes Zeichen. Aber *falls* Sie ihn je entlassen sollten, dann geben Sie ihm meine Adresse.«

»Na, Sie sind ja eine große Hilfe«, sagte ich ungehalten.

Lange nachdem ich zu Bett gegangen war, rief Heh-ven an. Er schläft nie; er sitzt mit seiner Frau und den Cousins beisammen und plaudert mit ihnen bis zum Morgengrauen. Sie hatten sich über Chin Lien unterhalten und nun hatte er einen Plan. Während er davon sprach, war in seiner Stimme etwas Seltsames, das mir nicht gefiel. Heh-ven hatte ganz offensichtlich Gefallen an der Sache gefunden.

»Ich werde Chin Lien einen anonymen Brief schreiben. Ich behaupte ein anderer Koch aus dem Wohnhaus zu sein und erzähle ihm, dass seine Frau einen Liebhaber hat und dass sie die Missy bestiehlt, um diesen Mann zu unterstützen. Wenn er den Brief bekommen hat, dann lauschst du an der Küchentür.«

»Ich?«

»Ja natürlich, du lauschst, und wenn sie streiten, dann ist es die Waschfrau, die die Sachen ohne Chin Liens Wissen gestohlen hat. Wenn sie nicht streiten und nur verängstigt sind, dann sind beide schuldig. Siehst du, so einfach ist das Ganze. Ich bin froh, dass mir das eingefallen ist.«

»Danke«, sagte ich müde, »aber angenommen, sie haben mich nicht bestohlen? Und angenommen, sie kündigen, wenn sie mich beim Lauschen erwischen?«

»Wenn dir die Idee nicht gefällt, dann bleibt dir natürlich nichts anderes übrig als die Polizei zu rufen«, meinte Heh-ven. »Ja, das solltest du besser tun.«

Doch aus irgendeinem Grund tat ich es nicht. Ein weiterer Tag verging. Heh-ven kam zum Tee, und Chin

Lien gab ihm ein Blatt mit chinesischen Schriftzeichen, das sie sich beide ansahen und über das sie eine halbe Stunde sprachen.

»Es ist eine Weissagung«, erklärte Heh-ven schließlich. »Chin Lien war im Tempel und hat wegen des Rings gebetet. Man hat ihm diese Weissagung verkauft. Da steht jedoch nichts über den Dieb. Sie scheint mehr mit dem Krieg und Japan zu tun zu haben, nichts mit Jaderingen.«

Missgelaunt beobachteten wir den alten Koch, der mürrisch und mit niedergeschlagenen Augen den Tee hereinbrachte. »Ich weiß jetzt, dass ich die Polizei nicht rufen kann«, sagte ich. »Armer Kerl, mit seinen Weissagungen.«

»Er meint auch, du hättest zu viele Bekannte und er habe sich schon oft den Mut gewünscht, dir das zu sagen. Viele dieser Bekannten hätten Gelegenheit zum Stehlen gehabt. Er wollte keine Namen nennen, aber ich glaube, er hält nicht viel von Graf Petroff. Du weißt ja, dass Graf Petroff nicht viel isst und Chin Lien …«

»Ein Magengeschwür ist kein Verbrechen«, antwortete ich pikiert. »Nun, wir kommen nicht viel weiter, oder?«

»Ihr habt es immer so eilig«, sagte Heh-ven. »Ihr Amerikaner.«

Nachdem er gegangen war, fragte ich mich, weshalb ich mich über diese Angelegenheit so aufregte. Tief in meinem Innern weiß ich, dass ich schwach und zögerlich bin, doch die Chinesen schienen mein Handeln oder eher mein Nicht-Handeln für die natürlichste Sache der Welt zu halten. Das war tröstlich. Doch ich konnte nicht ewig meine Handtasche vom Tisch zum Schreibtisch, vom Schreibtisch ins Badezimmer und vom Badezimmer ins Schlafzimmer mit mir herumtragen; außerdem muss man immer ein wenig Geld für laufende Ausgaben im Haus haben. Ich hatte noch bis zum Einschlafen darüber nachgedacht und so war ich nicht allzu verärgert, als Heh-ven mich um drei Uhr morgens anrief.

»Meine Frau hat eine wunderbare Idee«, verkündete er. »Sie sagt, du brauchst ungefähr fünfzig Dollar, verstehst du?«

»Ja.«

»Dann musst du sie offen auf deinen Nachttisch legen und so tun, als ob du schläfst. Verstehst du mich?«

»Ja, weiter.«

»Aber du wirst nicht wirklich schlafen. Du musst wach bleiben und aufpassen. Und wer immer das Geld nimmt, ist der Dieb. Ist das nicht eine gute Idee?«

»Ja, aber angenommen, ich schlafe wirklich ein?«

»Ach ja, das ist wahr … Natürlich gehen auch zwanzig Dollar oder achtzig. Tut mir leid, dass ich dich geweckt habe.«

»Ich habe eine bessere Idee, Heh-ven«, sagte ich. »Mr. Lou meint, ich sollte ganz ernsthaft mit Chin Lien sprechen und ihm drohen. Was hältst du davon?«

»Ja, aber vielleicht bist du dafür zu freundlich.«

»Stimmt, wahrscheinlich kann ich das auch nicht richtig. Mein Chinesisch ist nicht gut genug und sein Englisch ist furchtbar. Deswegen möchte ich, dass du morgen vorbeikommst und das für mich machst. Tust du das?«

»Oh, ich kann das nicht.« Heh-ven ist der sanfteste Mann der Welt, doch schließlich überredete ich ihn.

Am nächsten Tag traf er um vier Uhr bei mir ein. Wir saßen verkrampft im Wohnzimmer und tranken Tee, während Chin Lien in der Küche dumpf seiner Arbeit nachging. Eine dunkle Wolke hing über meinem kleinen Appartement. Schließlich stand Heh-ven auf, er sah blass und tapfer in seinem weißen Gewand aus. »Ich werde es jetzt erledigen«, sagte er und schritt in die Küche.

Ich wartete zusammengekrümmt. Aus der Kammer drang ein Schwall chinesischer Wortfetzen herüber und obwohl es nicht böse klang, tat mir Chin Lien aus ganzem Herzen Leid. Ich dachte daran, wie er mich daran erinnert hatte, einen Regenschirm mitzunehmen, und an seine besondere Fürsorglichkeit, wenn ich müde heim kam, und an seine Entrüstung, wenn der Lebensmittelhändler mir zu viel Geld abgenommen hatte. Dreißig mexikanische Dollar pro Monat sind wirklich sehr wenig für so einen guten Koch und noch dazu einen Familienvater.

Als Heh-ven mit einem Stück Kuchen in der Hand zurückkam, verkündete er: »Er sagt, er habe ihn nicht genommen.«

Irgendwie war das beruhigend, wenn auch kaum neu. Heh-ven mampfte seinen Kuchen. »Ich habe sehr vorsichtig angedeutet, dass es seine Frau gewesen sein könnte«, fuhr er fort, »und er sagte, er glaube nicht, dass sie es war.«

»Aber ...«

Heh-ven strich eine Falte in seinem Gewand glatt. »Er hat mir auch erzählt, dass seine Frau und er darüber zu Hause gesprochen haben, und sie sind der Meinung, dass du zu viele Bekannte hast. Weißt du, sie haben Recht. Er hat mich besonders auf die Russin aufmerksam gemacht, die manchmal morgens kommt und dich massiert. Er war sehr vorsichtig und möchte sie nicht beschuldigen, denn er hatte mal mit ihr Streit und daher ist seine Meinung nicht unvoreingenommen. Er gibt zu, dass er einen schlechten

Charakter hat und faul ist, aber dies seien seine einzigen Fehler.«

»Aber, Heh-ven ...«

»Und dass er daran gedacht hat, ob er die Stellung vielleicht aufgeben sollte.«

»Bei mir aufgeben?«

»Ja, weil du so merkwürdige Freunde hast. Er hasst Petroff. Aber ihm ist klar, dass er sich nicht einmischen darf.«

»Oh, doch!«

»Was seine Redlichkeit angeht, möchte er, dass du andere Leute fragst, für die er gearbeitet hat, insbesondere die Britische Gesandtschaft. Er hatte dort mit einem anderen Koch Streit, aber er war bei allen beliebt, ehe er Peiping verließ. Du musst wissen, er mag dich sehr. Er meint, du seist angenehm und freundlich, nur ein wenig zu vertrauensselig. Danach hat er mir seine Lebensgeschichte erzählt. Sie ist sehr interessant.«

Er wollte die Geschichte von Chin Liens Leben wiederholen, doch ich unterbrach ihn. Ich sagte, schließlich hätte ich insgesamt 130 Dollar verloren und ich wollte nicht noch mehr verlieren. Was sollte ich also machen?

»Er hat natürlich einen Vorschlag gemacht«, sagte Heh-ven. »Er meint, wir sollten ein wirklich gutes Schloss besorgen, ein Zylinderschloss, und es an einer Schublade deiner Frisierkommode anbringen. Er wird selbst eins besorgen, wenn du ihm Geld gibst. Ich sagte ihm, dass das nicht viel helfen würde. Ein Dieb, so sagte ich ihm, könne einfach die Schublade aufbrechen, wenn er wolle. Und da sagte Chin Lien etwas ganz Wunderbares. Wirklich, er ist ein ungewöhnlicher Mensch. Er sagte: ›Ich spreche nicht von Dieben. Gegen Diebe kann man nichts machen. Missy hat so viele Bekannte. Schlösser‹, sagte Chin Lien, ›Schlösser sind gegen *Gentlemen.*‹ Nun, jetzt wirst du mir vielleicht nicht zustimmen, weil du eine Ausländerin bist und wir nicht über dieselben Dinge lachen, aber ich denke, seine Bemerkung ist zwei Jaderinge wert.«

In dem Moment kam Chin Lien ganz unnötigerweise und brachte zwei Platten mit Wassermelonen herein. Schweigend und respektvoll bediente er uns. Ich weiß nicht, was passiert war, aber die dunkle Wolke über meinem Haushalt hatte sich plötzlich verzogen.

»Ach, zur Hölle mit dem Ring«, sagte ich. »Sag' ihm, er soll ein Schloss besorgen. Machst du das?«

# Einmal Nanking und Retour
# 南京往返

Niemand riet uns, nicht zu fahren. Der junge Mann im Büro der Fluggesellschaft, ein Freund von mir, klang etwas überrascht, als ich ihn anrief und ihm erklärte, er brauche sich um unsere Flugtickets keine weiteren Gedanken zu machen, da wir nun mit dem Zug fahren würden. Das war am Mittwoch, und am nächsten Morgen wollten wir den Zug nehmen und am Sonntag wieder zurückkehren. An der Schule, an der ich chinesische Jugendliche in Englisch unterrichtete, fing das Herbstsemester am Montag an, so dass ich rechtzeitig zurück sein würde. Der junge Mann sagte lediglich auf eine merkwürdig kühle Art: »Oh!« Ich nahm an, dass er sich so verhielt, weil er Engländer war und eine ganze Menge Probleme mit den Tickets gehabt hatte und er daher vielleicht verärgert war. Es tat mir leid, aber da ich es eilig hatte, sagte ich nur »Auf Wiedersehen« und legte den Hörer auf.

Selbst im Rückblick erscheint mir mein Verhalten nicht völlig töricht. Da zu dieser Zeit jeden Tag mit Krieg zu rechnen war, waren Mary und ich den ganzen Sommer über zu Hause geblieben. Sie war jedoch neu in China und wollte zu gern einmal aus der Stadt herauskommen. Wir lebten sehr zurückgezogen in einem kleinen Haus und fanden das ziemlich langweilig. Wir hatten das Gefühl, irgendwohin fahren zu müssen, nachdem wir schon unsere langen Sommerferien nicht genutzt hatten. Wir überlegten zum Putuo- oder zum Tianmu-Berg oder aber nach Nanking zu fahren. Es waren alles nahe gelegene Reiseziele.

Schließlich war ich es, die entschied nach Nanking zu fahren. Dort gebe es jede Menge junger Männer, britische Offiziere, und Einladungen zu Dinner- und Tanzpartys, erklärte ich. Zweien dieser jungen Männer telegrafierten wir unsere Ankunft und verließen Shanghai am Donnerstagmorgen mit dem Acht-Uhr-Expresszug. Was wir natürlich nicht ahnen konnten: Es war der allerletzte Zug, der noch durchkam. Niemand riet uns nicht zu fahren.

Am frühen Morgen wurden wir mit dem kleinen Wagen von einem etwas klein geratenen Chinesen zum Nordbahnhof gebracht. (Wie wir später erfuhren, hatte jemand versucht uns anzurufen, um uns zu warnen. Doch da hatten wir das Haus bereits verlassen.) Nach der Ankunft am Bahnhof trug ich dem Fahrer auf, uns am Sonntagabend wieder dort abzuholen. Dann gingen wir zum Bahnsteig. Als ich mich umblickte, sagte ich: »Gut, viel besser als letzte Woche. Es sind viel weniger Flüchtlinge. Der Exodus scheint nachgelassen zu haben.«

Seit einem Monat strömten verängstigte Chinesen vom Land nach Shanghai und von Shanghai aufs Land. Sie überschwemmten die Züge, saßen die ganze Nacht über auf ihren Gepäckbündeln, waren mit Essen beschäftigt, lächelten oder starrten einfach vor sich hin. Nie jedoch weinten oder jammerten sie. Wir hatten uns an den Anblick gewöhnt und sagten lediglich: »Arme Dinger! Warum tun sie das? Sie wissen nicht, wohin sie gehen, und nicht, warum.«

Auslöser für diese Situation war – abgesehen von den Kriegsschiffen im Hafen – der jüngste Vorfall, bei dem zwei

Japaner am Flughafen Hongqiao erschossen worden waren. Doch das war nicht der einzige Vorfall gewesen.

Der Zug war, wie nicht anders zu erwarten, vollkommen überfüllt. Im Erste-Klasse-Waggon trafen wir einen Ausländer, den wir kannten. Es war ein Engländer, der für die Regierung arbeitete. Dann war da noch ein Chinese, den wir auch kannten, Mr. Wing. Der Engländer bat den Zugschaffner sich um uns zu kümmern, was mir ein wenig missfiel, denn dieser hätte das sowieso getan. (Ich fuhr oft nach Nanking – ich meine, früher tat ich es.) Wir erhielten Sitzplätze in einer Art Salon, den man normalerweise nicht für eine Fahrt am Tage bekommt.

Als Gepäck hatte jede von uns eine Hutschachtel mit Kleidung für drei Tag und jeweils noch ein schlichtes Abendkleid; Mary hatte außerdem »Sweetie Pie« in einem Korb dabei. Sweetie Pie war ein Entenküken, das ich für zehn Cent am Bund gekauft und für Mary mit nach Hause gebracht hatte. Mein Chinesischlehrer meinte, es würde vermutlich nicht überleben, weil es im Brutkasten aufgezogen worden sei. Doch es hatte Bauchweh, Lungenentzündung und anderes überstanden. Ursprünglich hieß das Entchen Li, doch Mary war so verrückt nach ihm – ich fand es komisch, wenn ich hörte, wie sie mit ihm sprach –, dass sie ihm den Namen Sweetie Pie gab. Es besaß einen starken Charakter und war bei uns in Shanghai ziemlich berühmt geworden. Es war zahm, folgte Mary überall hin und weinte wie ein Kind, wenn man es nicht hochhob. Es kletterte ihre Beine hoch und legte sich auf ihren Schoß. An kühlen Nächten ließen wir es sogar bei einem von uns beiden schlafen. Die kleine Ente war immer noch flaumweich und unglaublich winzig. Wir hatten beschlossen sie mitzunehmen, da die Hausangestellte sie nicht gut behandelte, wenn wir nicht da waren. Der Koch hatte uns einen passenden geflochtenen Deckelkorb gegeben, aber sobald der Korb geschlossen wurde, schrie das Küken ganz furchtbar. Es war noch zu jung, um richtig zu quaken, es piepste wie ein Hühnchen.

Nachdem wir uns in unserem Abteil eingerichtet und eine Flasche Wasser gekauft hatten, ließen wir das Entchen heraus, lachten es an und warteten auf die Abfahrt des Zuges. Anderthalb Stunden tat sich nichts. Wir schlenderten herum, unterhielten uns mit dem Engländer und Mr. Wing. Der Engländer sagte: »Wie ärgerlich, jetzt werden wir zu spät ankommen.« Er erzählte, er habe einige Hummer für die Angestellten der Britischen Botschaft in Nanking dabei, weil an solchen Sachen immer Mangel herrsche. Nun machte er sich Sorgen, sie könnten wegen der Verspätung verderben.

Dann fuhr der Zug doch los. Kurz darauf hielt er wieder an und blieb noch eine Stunde oder länger stehen. Militärzüge kamen vorbei, in denen wir Soldaten mit Blechhelmen und Maschinengewehren sahen. Ich sagte: »Warum in Richtung Shanghai? Der Krieg findet doch in Nordchina statt.« Darauf antwortete Mary: »Es sind sicherlich die Soldaten, die wir im letzten April in Mutu, in der Nähe von Suzhou, gesehen haben. Erinnerst du dich?« Wir machten uns nichts daraus, aber die Menschen ringsum blickten besorgt und Mr. Wing erklärte, er würde in Suzhou aussteigen und zu seiner Frau zurückfahren. Etwas stimme nicht, meinte er. Aber er wusste auch nicht, ob wir zurückfahren könnten, wenn wir jetzt ausstiegen. Der Engländer erklärte, nachdem wir jetzt schon unterwegs seien, wäre es besser weiterzufahren und – wenn schon – in einer großen Stadt wie Nanking steckenzubleiben. Er selbst aber, das sagte er ganz gelassen, habe eine Flugreservierung für den morgigen Tag zurück nach Shanghai. »Ihr Mädels hättet nicht fahren sollen. Ich habe mir das gleich gedacht, als ich euch kommen sah, wollte aber nichts sagen«, erklärte er.

Ich dachte an den Unterricht am Montag. Wir sahen uns besorgt an, doch Sweetie Pie brauchte etwas zu trinken und so waren wir mit ihm beschäftigt.

Für die Fahrt nach Nanking – normalerweise eine Strecke von fünf Stunden – brauchten wir 16 Stunden. Unterwegs wurden 19 weitere Wagen angehängt und einige Meilen vor der Stadtmauer brach die Zugmaschine zusammen, aber schließlich kamen wir nach Mitternacht an. Mein junger Offizier wartete am Bahnsteig; doch Marys war nicht da. Meiner war ein junger britischer Marineoffizier, der in seinen weißen Shorts gut aussah, aber vom Warten müde war. Nach einem missbilligenden Blick auf Sweetie Pie sagte er: »Also, das war der letzte Zug zwischen Shanghai und Nanking. Die Strecke ist bei Suzhou unterbrochen. Es gibt keine Flüge und auch keine Schiffe, denn der Fluss ist hinter Zhenjiang vermint.«

Mary, die immer alles glaubt, was man ihr erzählt, war beunruhigt. Doch ich lachte und sagte: »Er macht Spaß. Du musst ihm nicht glauben.« Der Offizier sah mich merkwürdig an, sagte aber nichts mehr. Im Hotel tranken wir Tee und aßen etwas Obst. In Nanking schließt alles um Mitternacht und daher war ich nicht überrascht, dass überall die Lichter aus waren. Wir amüsierten uns köstlich über das Schild im Hotelzimmer: »Hotelgäste werden vor Luftangriffen gewarnt. Bitte vermeiden Sie Licht und halten Sie die Jalousien geschlossen.« Ich sagte: »Du lieber Himmel, diese Diplomaten sind so etwas von ängstlich, stimmt's?« Wir unterhielten uns über die anstrengende Fahrt – wir fühlten uns schlecht behandelt – und ließen Sweetie Pie in der Badewanne schwimmen. Nachdem der Marineoffizier uns für den nächsten Tag zum Mittagessen eingeladen hatte, ging er. Mary versuchte vergeblich, ihren Freund zu erreichen. Es sah so aus, als sei er nach Shanghai gefahren.

Am nächsten Morgen mussten wir feststellen, dass alles stimmte – es gab keine Flüge und die Bahn konnte nur die Fahrt bis nach Suzhou, das über eine Stunde von Shanghai entfernt ist, zusichern. Als wir am Mittag zum Essen auf dem Kriegsschiff waren, erfuhren wir den Grund. In Shanghai wurden immer häufiger japanische Wachsoldaten aus dem Hinterhalt erschossen, die Chinesen hatten alle Dschunken im Fluss vor dem Bund versenkt, um die Japaner von einer Landung abzuhalten und …

Es war unglaublich. Ich konnte nichts essen und sagte, wir müssten uns über den Zugverkehr informieren. Ich schickte einem chinesischen Freund in Shanghai ein Telegramm, um ihn nach seiner Meinung zu fragen, erhielt aber nie eine Antwort. Der Offizier war völlig ahnungslos. Er ließ sich Zeit, seinen Boy mit dem Telegramm und mit unseren Fahrkarten loszuschicken, um für den nächsten Zug nach Shanghai Plätze zu reservieren. Ich erklärte: »Morgen früh um acht Uhr gibt es einen Zug, den wir unbedingt bekommen müssen.«

Er meinte jedoch: »Aber nein, Entchen. Fahrt doch mit dem Expresszug am Nachmittag.«

Wir nahmen ihn in unsere Mitte, zogen ihn vom Schiff und kehrten zum Hotel zurück. Er wollte nicht planen, ehe wir nicht die Fahrkarten hatten. Er plauderte, als sei alles in Ordnung mit der Bahn, mit den Flügen, mit den Schiffen. Man kann es nicht anders sagen: Er hatte nichts begriffen. Dann erfuhren wir, dass es überhaupt unklar war, ob am nächsten Tag Züge fahren würden. Nach dieser Auskunft kümmerte er sich darum, mit einem Bekannten eine Abendparty zu organisieren, während ich mich voller Unruhe und Rastlosigkeit in die Hotellobby begab.

Die Hotels in Nanking sind alle ziemlich einfach und unseres ganz besonders. Nie fand man einen Angestellten am Empfang, und es dauerte eine Stunde, bis ich den Manager aufspürte. Ich sah zwei Kellner herumstehen, die sich bemühten mich zu übersehen, und hörte die wütende Stimme eines dicken Deutschen, der einen Bus mieten wollte, um über Land nach Hangzhou zu fahren – eine Strecke von zehn Stunden – und von dort dann nach Shanghai. Ich wollte nicht auf unser Zimmer zurückgehen, um nicht die ängstliche Mary und den schmollenden Marineoffizier sehen zu müssen. Dann entdeckte ich in der Nähe der Tür einen jungen Mann mit einer Schirmmütze, der mit dem Deutschen sprach, und hörte ihn sagen: »Zug heute Abend.« Ich kannte den Mann nicht, aber schließlich war er auch Ausländer. Also stürzte ich auf ihn zu und fragte: »Fährt ein Zug? Wissen Sie das?«

Der junge Mann, der ebenfalls mit einem deutschen Akzent sprach, antwortete: »Es fährt ein Zug, aber ich weiß nicht genau, um welche Uhrzeit.«

Ich meinte: »Ach, wunderbar. Man sagte uns, es gäbe keine Verbindung mehr. Ich muss nach Shanghai zurück.«

»Heute kann es keinen Zug geben. Sind Sie sicher?«, fragte der Dicke.

Darauf der junge Mann: »Ja, denn man hat meine Fahrkarte gestempelt. Aber es gibt nur dritte und vierte Klasse.«

»Ach, das macht nichts«, sagte ich voller Zuversicht.

Er sah mich an und fügte hinzu: »Er fährt nur bis Suzhou. Dort muss man einmal um die ganze Stadt herum und dann in den Zug nach Hangzhou umsteigen. Von Suzhou aus sind es dann noch einmal fünf Stunden.«

»Ich muss sofort mein Ticket ändern lassen«, sagte ich und rannte nach oben.

Der Marineoffizier meinte: »Heute? Sei doch nicht dumm. Warum denn heute?«

Ohne ihm zu antworten riefen Mary und ich den Hotelportier, erklärten ihm die Sache mit der Bahn und schickten ihn zum Bahnhof, unsere Tickets stempeln zu lassen. Er meinte, der Zug würde um Mitternacht fahren. Daraufhin besserte sich die Stimmung des Offiziers, denn dann könnte die Abendparty ja doch noch stattfinden.

Ich verstand es nicht. Engländer sind eher ruhige Charaktere, aber müssen sie deshalb gleich völlig unbrauchbar sein? Die Abendparty war doch wirklich nicht so wichtig. Wir stritten halbherzig, bis ich ans Telefon gerufen wurde. »Sind Sie die Dame, die nach Shanghai fahren will?«, fragte jemand mit deutschem Akzent. »Es tut mir leid. Ich weiß Ihren Namen nicht, aber Sie sollten wissen, dass der Zug in einer Stunde abfährt. Ich bin hier am Bahnhof und habe es gerade gesehen. Wenn Sie sich beeilen, werde ich zwei Plätze für Sie reservieren. Ist das in Ordnung? ...«

»In Ordnung.«

Wir konnten den Portier mit unseren Tickets nicht finden. Trotzdem packten wir unsere Sachen. Plötzlich – es war jetzt sechs Uhr – wurde es in Nanking stürmisch und dunkel. Wir fanden den Manager, aber kein Taxi und keine Rikscha. Der Himmel war schwarz bewölkt und der Manager sagte schaudernd: »Es *muss* Krieg sein.« Er blickte still vor sich hin, Ratlosigkeit auf seinem gutmütigen Managergesicht: »Meine Angestellten sind alle losgelaufen, um ihre Sachen hierher zu bringen«, sagte er. »Es tut mir schrecklich leid.«

Schließlich fanden wir doch eine Rikscha. Der Marineoffizier war ins Hotel zurückgegangen. Wir warteten jedoch nicht auf ihn, sondern machten uns auf den Weg, die breite staubige Straße hinunter, die von der Stadtmauer aus wegführt. Wir hörten die trippelnden Schritte des Rikschafahrers auf dem staubigen Asphalt, blickten zu den schwarzen Wolken über den Feldern empor und machten uns Gedanken, ob wir den Zug rechtzeitig erreichen würden, ob er durchkäme und ob wir durchkommen würden. Ich hatte den Offizier ganz vergessen, doch plötzlich war er da, saß aufrecht in einer Rikscha und blickte stur nach vorn. Wir fuhren alle Richtung Bahnhof.

Wir konnten den Mann mit unseren Tickets nicht finden und mussten neue kaufen. Es blieb uns gerade noch Geld für Essen und andere Kleinigkeiten. Dann befanden wir uns plötzlich zwischen lauter Soldaten. Sie marschierten direkt den Bahnsteig entlang, Hunderte von Männern mit ihrem gesamten Gepäck an langen Bambusstangen. Es waren kräftige Burschen, aber einige hatten zu viel zu tragen. Sie drängten sich so sehr zwischen uns und unseren Zug, dass ich am liebsten laut geschrien hätte, wenn es nicht so still gewesen wäre. Sie alle waren jung, naiv und fröhlich; sie marschierten gut, erschreckend gut, so dass es für uns kein Durchkommen gab. Schließlich konnte sie der Hotelportier aufhalten – ich vermute, weil er eine prächtigere Uniform trug. Der Marineoffizier war nicht zu sehen; wir liefen und liefen. Wir kletterten vom Bahnsteig herunter und rannten über die Gleise an lauter überfüllten Waggons entlang. Der Deutsche war nirgends zu finden. Wir stiegen aber in einen Erste-Klasse-Wagen, der gerade angehängt worden sein musste, da es noch einen freien Sitzplatz gab. Der Hotelportier hatte ihn für uns entdeckt; wir huschten hinein und atmeten erleichtert auf. Dann tauchte auch der Offizier auf und gab uns sein gesamtes Geld, das er in den Taschen hatte, wobei er erklärte, er wolle nicht, dass wir eine unangenehme Reise hätten.

Hunderte von Flüchtlingen und Soldaten liefen hin und her, die Züge standen vollkommen chaotisch an irgendwelchen Bahnsteigen und jeder, wirklich jeder, außer einem Engländer, konnte erkennen, dass Krieg herrschte. Doch der Marineoffizier redete weiter in seiner affektierten Sprechweise, laut, belustigt und typisch männlich. Er sagte, er hätte gerade gehört, dass der Zug nicht vor dem nächsten Morgen abfahre. Daher könnten wir doch genauso gut noch einmal zu einem gemeinsamen Abendessen aussteigen. Es war zwecklos ihm zu sagen, dass wir unseren Sitzplatz gegenüber Hunderten von anderen Leuten verteidigen müssten, die versuchten in den Zug zu steigen und die gegen die Türen hämmerten. Er stand draußen, rauchte seine Pfeife und rümpfte arrogant die Nase. Wir warteten nun bereits seit einer Stunde. Es war heiß und stickig, da wir uns in unmittelbarer Nähe der Bordküche befanden.

Wir konnten auch die kleine Ente nicht herauslassen, die ununterbrochen piepste. Der Offizier ging schließlich los, um uns etwas zu Essen zu besorgen.

Dann tauchte der Deutsche auf, dessen Miene sich erhellte, als er uns sah. Mit ihm kam ein Inder in einem grauen Flanellanzug. Er rauchte Pfeife, machte einen liebenswerten Eindruck, sah sanft und humorvoll aus. Nachdem ich ihm meinen und Marys Namen genannt hatte, stellten sich der Deutsche als Wally und der Inder als Gandhi vor. Wir plauderten miteinander, kauften warmes Bier und reichten die Flaschen herum.

Nach einiger Zeit kam der Marineoffizier zurück. Er hatte von einem Freund von zu Hause unter anderem belegte Brote, Eier und eine Thermoskanne mit Zitronentee geholt. Dann sagte er: »Ich gehe jetzt zum Abendessen, aber in ein bis zwei Stunden komme ich wieder vorbei, um nach euch zu sehen.« Damit ging er davon – absolut sorglos, gepflegt, kühl und nur mit sich selbst beschäftigt. Es war heiß und im Abteil wurde es langsam wirklich unangenehm. Draußen wäre es kühler gewesen, doch es war immer noch besser, eine Chance zu haben, wenigstens eine Chance. Den Offizier sahen wir nicht wieder, denn der Zug fuhr bald los. Wir waren auf dem Weg nach Shanghai.

Mary und ich wechselten uns ab, eine saß auf dem Sitzplatz, die andere auf einer der Hutschachteln. Auf Hutschachteln kann man besser sitzen als auf jedem anderen Gepäckstück, deswegen nutzte Wally die zweite. Neben ihm saß Gandhi auf seiner schwarzen Tasche zu Füßen eines chinesischen Ehepaares mit zwei kleinen Jungen. Außerdem war in dem Abteil noch Mr. Lee, ein großer stämmiger Chinese mit einer Hakennase, der eine Mischung aus Englisch und reinem Nanking-Dialekt sprach. An jedem Halt stiegen wir aus, um ein bisschen hin- und herzulaufen oder auf einer Bank oder dem Boden sitzend auszuruhen. Nach acht Stunden dachten wir, wir könnten es nicht mehr aushalten. Auf engstem Raum zusammengepfercht fühlten wir uns derart elend, dass wir schließlich jegliches Gefühl für die Realität verloren.

Gandhi, der im Gesicht vor Angst ganz grün war, schlief gegen meine Hutschachtel gelehnt auf dem Boden, wobei Wallys Kopf auf seinen Armen wie auf einem Kopfkissen ruhte. Das Ehepaar mit den beiden Kindern schlief. Die Leute hinter mir schliefen auch; nur Mary und ich konnten nicht schlafen. Um fünf Uhr ging die Sonne auf. Alles wirkte jetzt verändert und hoffnungsfroh. Selbst Suzhou erschien uns nun als Chance.

Wir kauften unterwegs Kaffee und Toast, fütterten Sweety Pie. Die kleine Ente war schmutzig geworden und wollte schwimmen. Aber wenn wir sie auf unserem Schoß sitzen ließen, klang ihr Stimmchen immer noch sanft und hell, ab und an piepste sie auch.

Wir erreichten Suzhou um neun Uhr. Jeder ergriff etwas – ich nahm Gandhis fast leere Tasche und Wally und Mr. Lee trugen unsere schweren Hutschachteln. Wir mussten über mehrere Bahnsteige und durch Züge hindurch klettern, über Neben- und Abstellgleise. Schließlich kamen wir bei einem Zug weit ab vom Bahnhof an, der voller Menschen war, die herumschrien und miteinander stritten. Wir schafften es nicht, in diesen Zug einzusteigen, da die Menschen wie Kletten an den Türen und Fenstern hingen und sich nicht abschütteln ließen.

Wally setzte uns auf unseren Hutschachteln an einem Feld ab und ging mit Mr. Lee davon, um sich zu beschweren. Wir blieben dort in der milden Morgensonne sitzen, mitten in einem unangenehm riechenden Feld, kümmerten uns um Sweetie Pie und waren uns einig, dass alle Leute wegen des Entchens nett zu uns waren. Selbst Menschen, die zusammengepfercht im Zug saßen, spähten durch die staubigen Fenster zu uns herüber.

Wally kam zurückgerannt und rief: »Schnell, schnell!« Wir stürzten wie wild los, rannten an leeren Güterwagen entlang und hasteten vorbei an rangierenden Lokomotiven. Dann fielen wir in einen Waggon, der nach Shanghai fahren sollte und gerade zur Abfahrt bereitgestellt worden war. Dieses Mal bekamen wir alle einen Sitzplatz. Wir ließen Sweetie Pie ein bisschen aus dem Korb heraus, hielten die kleine Ente aber vorsichtig fest. Dann aßen wir einige von unseren belegten Broten, sämtliche Eier und tranken dazu den Zitronentee.

Es zeigte sich, dass der Zug in einem weiten Bogen um die Kampfhandlungen herumfuhr. Lee stieg immer wieder aus und versuchte Zeitungen zu bekommen, doch so früh gab es keine chinesischen Zeitungen zu kaufen. Hinter Suzhou wurde die Landschaft smaragdgrün, jade- und goldfarben, voller saftig grüner Büsche und Bäume, und ab und zu fuhren wir an Teichen mit klarem, blauem Wasser und sich gemächlich drehenden Windmühlen vorbei. Der Tag war kühl mit ständigen Regenschauern. Wir hatten alle Hunger, doch im Zug gab es nichts zu essen. Noch nicht einmal Tee. In Jiaxing, drei Stunden nach unserer Abfahrt, kauften wir wunderbare Weintrauben und Lotuskerne, die gut schmeckten, und ein paar Süßigkeiten. Wally und Gandhi holten eine Dose mit Ölsardinen und eine mit Pfirsichen hervor. Dort füllten wir auch die Thermoskanne mit Tee. Es wurde Mittag, dann Nachmittag. Der Zug war auf einem Nebengleis abgestellt worden. Nach zwei Stunden, in denen wir gegessen und gedöst hatten, rief ein Bahnangestellter plötzlich, wir müssten alle den Zug verlassen und umsteigen, da dieser nicht weiter fahre. Es gab ein Eilen und Hasten, da wir vom Bahnsteig weit entfernt waren. Einige Leute sprangen einfach auf die Gleise und rannten mit ihren Sachen zum Bahnsteig. Doch ehe wir ausgestiegen waren, rief der Mann plötzlich, der Zug fahre doch weiter. Und so war es dann auch.

Den ganzen Nachmittag über fuhr der Zug langsam durch eine fruchtbare Ebene und blieb alle paar Meter stehen. Über den Feldern konnten wir immer mehr Flugzeuge sehen. Gegen Abend flog eine japanische Maschine direkt über uns hinweg. Doch an diesem Tag bombardierten die Japaner keine Züge – noch nicht.

Gegen sechs Uhr abends begannen wir zu singen. Gandhi konnte eine Melodie auf einer flachgedrückten Streichholzschachtel spielen. Er war wunderbar. Er wollte keines unserer Schinkenbrote essen, erklärte aber, ehe er verhungerte, würde er Schinken essen, auch wenn er Moslem sei. Er lächelte sanft und fragte mich, ob ich je in Liverpool gewesen sei. »Dort gibt es eine herrliche Moschee. Ich habe sie nie gesehen, aber davon gehört.« Mr. Lee fragte uns nach Liedern, Wally spielte daraufhin auf dem Kamm und ich sang dazu. Mary benutzte unsere zwei Fächer als Trommelstöcke und trommelte damit auf den Tisch, der sich zwischen unseren Sitzen befand. Sweetie Pie fiel mit »Piep, piep! Piep, piep!« – oder wie Cocteau sagen würde

»Huit, huit« – in unseren Chor ein. Als wir an der Long-hua-Pagode vorbeikamen, sagte Mary: »Bis jetzt ging es eigentlich. Wir sind nun seit 24 Stunden unterwegs und es war nicht allzu unangenehm.«

Als wir in Shanghai ankamen, beschlossen wir, bereits am Südbahnhof auszusteigen und nicht bis in die Stadt zum Nordbahnhof zu fahren. Bei der Ankunft am Südbahnhof stürmte jedoch eine Menschenmenge den Zug. Am Abend zuvor waren Chinesen aus Shanghai aufs Land geflohen – in vollkommen überfüllten Zügen, in Güter-zügen, in offenen und geschlossenen Wagen. Die Menschen waren sogar auf die Wagendächer geklettert. Wir hätten auf diese hereinstürmende Menschenmenge gefasst sein müssen, doch wir waren zu müde. Noch ehe der Zug zum Halten gekommen war, stürzten sie in unseren Wagen. Wir wussten ja nicht, dass sie den ganzen Tag Schüssen und Bomben ausgesetzt gewesen waren. Der Ansturm der Menge zwang uns im Zug zu bleiben. Leute kletterten sogar durch die Fenster herein. Dabei machten sie keinen bösartigen Eindruck, sie wirkten eher wie benommen. Wally kletterte mit meiner Hutschachtel durch ein Seitenfenster auf der anderen Seite hinaus und rief mir zu, ich solle ihm folgen. Ich schrie »nein« und warf mich, Mary hinter mir, der Menge an der Tür entgegen. Da ich schwerer bin als die meisten Chinesen, wurde ich einfach nach draußen geschoben. Ich dachte, Mary sei direkt hinter mir. Als ich auf dem Bahnsteig stand, mich umdrehte und sie immer noch im Zug sah, wurde mir vor Sorge schlecht. Mary ist eher klein und zart.

Dann geschah jedoch etwas. Mary, die wie von einer Welle hochgeworfen wurde, sah beim Blick nach unten, wie

Sweetie Pies Korb flach gedrückt wurde. Die kleine Ente hatte ihren Kopf wie eine Schlange in die Höhe gestreckt, ihre Augen traten aus den Höhlen. Mary stieß einen Schrei aus – später erfuhr ich, dass sie geschrien hatte: »Verdammt, Hände weg von meiner Ente!« – und fing an, um sich zu schlagen und zu kratzen. Ehe ich mich versah, kämpfte sie sich durch die Menge – Sweetie Pie in den Händen.

Wir brauchten eine Weile, bis wir Gandhi, Wally und Mr. Lee fanden. Danach gingen wir zu Fuß weiter. Gerade als es dunkel wurde, hörten wir die Bombeneinschläge.

In dem Chinesenviertel, wo im Krieg alles erlaubt war, waren die Straßen voller Menschen, die wie Herbstblätter herumwirbelten und dabei angestrengt und voller Sorge in den bewölkten Himmel spähten. Wir liefen zügig mitten auf der Straße. Es konnte alles nicht wahr sein. Es war wie ein Albtraum. Wally hatte eine Rikscha gefunden, allerdings nur eine für unser Gepäck. Er schimpfte über die Preise, die die Kulis verlangten, und hörte auch nicht auf mich, als ich ihm erklärte, dass Mary nicht mehr laufen könne. Doch musste Mary weiter laufen wie wir anderen auch, wir rannten nahezu über das Kopfsteinpflaster. Wally fand alles schrecklich. Er fotografierte, aber weil er seine Kamera nicht dabei hatte, verpasste er die Gelegenheit, Geld zu verdienen. »Zwei Golddollar pro Fuß«, sagte er kopfschüttelnd. Also liefen wir weiter und hörten die Bomben jetzt schon ziemlich in unserer Nähe. Ich hatte das zuvor noch nie gehört. Es nahm kein Ende. Trotzdem war es nicht wirklich beängstigend, eher unwirklich.

Im ganzen Umkreis war kein einziger Ausländer zu sehen. Überall waren freiwillige Polizisten, die uns sagten, wo wir nicht lang gehen dürften. Ich glaube, wir mussten einen ziemlichen Bogen schlagen. Vermutlich waren wir vier Meilen gegangen, bis wir zu der einzigen Stelle kamen, die in die Französische Konzession führte und offen war. (Ich weiß bis heute nicht, warum.) Als wir endlich zu den großen Eisentoren gelangten, standen an einem getarnten Lastwagen Ausländer, uniformierte Franzosen, die uns überrascht anstarrten. Ein beleibter Typ rief: »Sie kommen woher?«

Ich schrie: »Nanking!«

Dann durften wir passieren. Er fragte: »Zu Fuß?« und brüllte dabei vor Lachen. Wir eilten zu dieser neuen Straße und hörten – hinter uns, hinter den Toren, wie Bomben aus den Flugzeugen fielen.

Wir blickten zurück. Der Himmel war jetzt fast schwarz. Wir konnten fünf Flugzeuge erkennen, danach blaue Blitze; sie stammten von Flakgeschützen, wie Wally uns erklärte. Mir war es inzwischen egal, ob wir bombardiert wurden oder nicht. Ich war wütend auf alle, außer auf die unschuldigen chinesischen Zivilisten, die in den Himmel spähten. Ich war zornig. Mary bekam plötzlich Angst und bat uns schnell weiter zu laufen. Die Männer folgten ihrer Bitte nur unwillig. Da bestand ich darauf, für Mary eine Rikscha zu mieten, und ich selbst würde sie bezahlen.

Von da an war alles völlig unwirklich. Ein Lastwagen voller Leichen raste an uns vorbei. Die Rikschas blieben immer wieder stehen, weil ihre Laternen ausgingen. Der Himmel stand in Flammen. Ich sah ein chinesisches Liebespaar unter diesem schrecklichen Firmament entlang schlendern, Hand in Hand, mit gesenkten Köpfen.

Schließlich fanden wir ein Taxi. Dann kamen wir zu Hause an und Wally und Gandhi sagten, sie würden zum

Abendessen bleiben. Es fielen immer noch Bomben, wir aßen zu Abend und sprachen lange mit dem Koch, der froh war uns wiederzusehen. Wir tranken Tee und Brandy, wir rauchten und Sweetie Pie durfte ganz lange in der Badewanne schwimmen. Zwölfhundert Chinesen wurden an diesem Tag in Shanghai getötet – durch chinesische Bomben.

# Shanghai-Flüchtling

## 上海流亡者

Ich war nicht überrascht, dass Pan Heh-ven erst im letzten Augenblick aus dem gefährlichsten Viertel Shanghais fortzog. Jeder hatte es kommen sehen. Doch so ist er. Er ließ alles zurück außer seinen Kindern, seiner Frau, zwei kleinen Kisten, einigen Büchern und all seinen Brüdern, die zur Zeit gerade zufällig bei ihm wohnten, sowie einem geheimnisvollen und offenbar ständigen Gast namens Chow, einer Anzahl von Hausangestellten, von denen ich nicht geglaubt hatte, dass sie alle in sein Haus passten, und einem ziemlich guten Portrait von sich. Das alles wurde auf einen Lastwagen und in einen Ford geladen und rollte aus Yangzipu hinaus – gerade mal vier Stunden vor Beginn der ersten Feuergefechte, die drastische Vergeltungsakte nach sich zogen.

»Ich bin ausgelöscht«, erklärte mir Heh-ven. »Sagt man ›ausgelöscht‹? Sieh dir mal diesen Stadtplan an. Genau hier finden die Kämpfe statt. Dort sind die Japaner, hier unsere Soldaten.«

»Sind sie das?« Ich war nach all den Ereignissen etwas durcheinander. »Woher willst du das wissen, Heh-ven? War jemand dort, um es nachzuprüfen?«

In seinem vor Aufregung geröteten Gesicht blitzten die Augen. »Nicht wirklich, aber ich fühle es. Es *muss* so sein. Es gibt keine andere Möglichkeit. Siehst du, wie wichtig mein Haus geworden ist? Ach, ich bin stolz.«

Ich lehnte mich auf meinen, mir vorübergehend zustehenden Teil des Bettes zurück und blickte mich um. Die Pans wohnten jetzt in einem Zimmer im Erdgeschoss eines Mietshauses im ärmsten Viertel der Französischen Konzession. Sie lebten hier zusammengedrängt in dem kleinen Zimmer, in dem sich zwei riesige Betten und ein quadratischer Mahjong-Tisch befanden. Mindestens fünf Hausangestellte, von denen lediglich die Amme gebraucht wurde, standen den ganzen Tag herum, waren mit Essen beschäftigt, starrten Löcher in die Luft und jammerten. Die Kinder waren alle noch klein, doch keines weinte. Pei-yu spielte Mahjong für sich allein. Heh-ven, der mich gebeten hatte mit einzuziehen, erklärte mir gerade, warum das klug wäre, indem er mir irgendetwas auf dem Stadtplan zeigte.

»Siehst du, du wohnst ganz dicht an der Jiaotong-Universität. Universitäten werden immer bombardiert, musst du wissen. Warum? Weil nach buddhistischer Vorstellung Plätze, an denen man lernt, geheiligte Orte sind. Daher werden Maschinengewehre immer in Bibliotheken und Universitäten gebracht. Dein Haus wird also bestimmt bombardiert werden. Unser Platz hier ist viel sicherer … Hm, was ist das?« Er hatte etwas Neues auf dem Stadtplan entdeckt, stutzte, guckte und begann laut zu lachen.

»Sieh dir das an! Es war mir nicht klar, aber *unsere* Straße, wo wir jetzt sind, ist ganz nah an der Chinesenstadt. Daher sind wir hier überhaupt nicht sicher.«

Pei-yu blickte von ihrem einsamen Mahjong-Spiel auf und lächelte. »Deshalb ist dieses Haus gestern von einer Bombe getroffen worden«, überlegte Heh-ven und sah mich dabei an. »Wir können der Baufirma dankbar sein, dass sie nicht explodiert ist – sagt man ›explodiert‹? Das

Dach ist dermaßen schlecht, so weich, dass die Bombe wie in einer Wiege aufgefangen wurde. ›Wiege‹? Danke. Ach, ich habe mein Englisch verlernt, ich weiß nicht, weshalb.«

Ich entgegnete, ich hätte nirgends etwas von dieser Bombe gehört oder in den Zeitungen gelesen. »Es müssen Granatsplitter gewesen sein. Es hat jede Menge davon in der Rue Lafayette gegeben.«

»Kann sein«, meinte Heh-ven gleichgültig.

»Nun, wenn du mich nicht deine Kinder nehmen lässt«, sagte ich, indem ich erneut das Thema anschnitt, das seinerseits längst abgehakt war, »dann komm doch zumindest für ein Bad und zum Essen vorbei.« Ich stand auf, um zu gehen, hatte aber ein furchtbar schlechtes Gewissen. Mein Heim war in einem schrecklichen Zustand, aber ich hatte wenigstens das meiste, was ich in meiner früheren Wohnung außerhalb des Konzessionsgebiets besaß, gerettet. Es half auch nicht, dass ich mir sagte, ich hätte Heh-ven immer wieder gewarnt. Man kann Heh-ven nicht nach unseren Maßstäben beurteilen und auch nicht nach irgendwelchen anderen. Pei-yu weiß das, dachte ich. Daher ist sie die Glücklichere. Dort sitzt sie, spielt mit sich selbst Mahjong, hat Rouge auf den Wangen und das Baby auf dem Schoß.

»Es geht uns besser, wenn wir alle zusammen sind«, erklärte Heh-ven zum zehnten Mal. »Später vielleicht … Ob Pei-yu und ich ab und an zum Abkühlen und zum Arbeiten bei dir vorbeikommen können? Wir haben unsere goldenen Essstäbchen verkauft, und wir haben genug zu essen für zwei Monate, auf jeden Fall für einen Monat oder so in etwa.«

Am nächsten Tag kamen sie zu mir zum Mittagessen. Heh-ven und andere Chinesen in Shanghai nennen es einen Tiffin, eine Zwischenmahlzeit. Danach ruhten wir in einer der seltenen friedlichen Stimmung aus. Nirgends waren, soweit wir das feststellen konnten, Bombeneinschläge zu hören oder Flugzeuge am Himmel über uns zu sehen.

Beide Pans hatten ein Bad genommen und Heh-ven war dabei, ein Portrait von sich anzufertigen. »Aus der Erinnerung«, wie er meinte.

Plötzlich sagte er: »Ich glaube, wir sollten uns jetzt nach einem größeren Haus umsehen. Wir haben teilweise nur so ärmlich gewohnt, um meinen Vater zu beschämen, denn er hat uns nicht angeboten bei ihm einzuziehen, obwohl sein Haus in einem sicheren Viertel der Stadt ist. Es liegt an meiner Stiefmutter. Wir haben praktisch kein Geld. Aber das macht nichts, denn ich werde mich nach einem Job umsehen. Es müssen noch andere Dinge geregelt werden. Meine Schwester möchte bei uns sein, egal wo wir hinziehen. Doch wenn sie kommt, dann auch ihr Ehemann. Und schon sind wir zu viele Leute.«

»Aber wenn sie doch bald ihr Baby bekommt«, begann ich. »Meinst du nicht, sie sollte lernen, mit ihrem Mann allein zu wohnen? Und dann noch all diese Hausangestellten, Heh-ven. Du kannst dich nicht um so viele Menschen kümmern. Du weißt, dass du es nicht kannst.«

»Ja, ja, ich weiß«, sagte er in seiner üblichen charmanten Art. »Doch wohin sollen sie gehen? Alle werden mir erklären, dass sie nicht gehen möchten. Wir Chinesen müssen uns um unsere Angestellten kümmern.«

»Die Wahrheit ist, du kannst es nicht ertragen, sie fortzuschicken«, warf ich ihm vor.

Heh-ven, der sich gefühlvoll dem Zeichnen des Schnurrbarts widmete, entgegnete nichts.

»Na gut«, sagte ich seufzend. »Hier sind die Immobilienanzeigen der Morgenzeitung. Es gibt relativ wenig möblierte Wohnungen.«

»Aber nein, wir möchten keine Wohnung«, sagte Heh-ven. »Es gibt keine Wohnung, die groß genug ist, weißt du. Werden Häuser angeboten?«

Es gab zwei Angebote. Das Französische Viertel war von Flüchtlingen völlig überfüllt und Wohnungen waren so gefragt, dass ich überglücklich gewesen war, meine kleine, unzulängliche Behausung gefunden zu haben. Ich rief die angegebene Nummer einer dieser Angebote an, aber das Haus war bereits um acht Uhr morgens vergeben worden. Schließlich liehen sich Heh-ven und Pei-yu meinen Sportwagen aus, um sich nach einem anderen Haus umzusehen, dessen Besitzer seine Nummer nicht hinterlegt hatte.

Sie kamen ziemlich begeistert zurück. Das Haus gehörte einem südamerikanischen Konsul.

»*Sehr* nett«, sagte Heh-ven, »und beinahe groß genug. Es gibt fünf Schlafzimmer und in eines der Wohnzimmer kann noch ein Bett gestellt werden. Doch er möchte sehr viel Miete. 250 Dollar im Monat.«

Ich war entsetzt. »Warum, ich zahle nur 80. Wie viel Miete *kannst* du zahlen, Heh-ven?«

»Oh, gar keine. Überhaupt keine. Es ist trotzdem ein schönes Haus. Ich habe gesagt, wir melden uns. Er hat versprochen, dass er versuchen will, meine Sachen von der japanischen Regierung zurückzubekommen, falls wir es nehmen. Südamerikaner sind immer in der Lage so etwas zu erreichen. Ich glaube, in Verdun Terrace gibt es ein leer stehendes, viel preiswerteres Haus. Wir haben allerdings keine Möbel. Das ist ein Problem.«

Ich sagte, ich müsse einen Moment darüber nachdenken. »Es gibt immer noch jede Menge Zeug in meiner alten Wohnung in der Yuyuan-Straße«, sagte ich. »Es wäre sogar gut für mich, wenn ihr es gebrauchen könntet, denn der Besitzer meint, er würde alles rauswerfen. Es gibt dort zwei Betten und eine Menge Lampen und ...«

Eine halbe Stunde lang machten wir Pläne, wobei Hehven hektisch für seine Frau übersetzte. Die Pans meinten, mit dem angeblichen Nutzen für mich wolle ich nur meine großzügige Hilfe verschleiern. Was jedoch nicht stimmte.

Wieder fing ich an zu erklären. »Wenn ich die Sachen nicht fortschaffe, wird man Miete von mir verlangen. Niemand wird in die Wohnung einziehen wollen, da sie sich in einer derart gefährlichen Gegend befindet. Doch nach dem Gesetz ... Ich habe den Umzug nicht termingerecht einen Monat vorher angekündigt, wisst ihr. Das hättet ihr auch nicht mitten in einem Luftangriff getan. Wenn ihr das leer stehende Haus nehmt, könnte ich euch einiges von dem Zeug schicken. Ich wäre froh, wenn ihr es nehmen würdet.«

Sie redeten und redeten, während sich andere Flüchtlinge in der gesamten Stadt nahmen, was sie bekommen konnten. Zum Schluss rief ich eine Bekannte an, die in der Anzeigenabteilung einer Zeitung arbeitete.

»Ruth, du kennst doch Pan Heh-ven?«

»Diesen süßen Typ mit dem Bärtchen? Aber natürlich.«

Ich versuchte die Situation zu beschreiben. »Falls du zufällig privat von irgendeinem Haus weißt – es ziehen jetzt so viele Frauen und Kinder überhastet fort –, es muss doch mehr Häuser geben, als gebraucht werden. Wir wären unglaublich dankbar.«

»Es gibt vielleicht eine unmöblierte Villa in Verdun Terrace für 90 Dollar.«

»Die hat er gestern oder vorgestern besichtigt. Er denkt darüber nach, aber sie ist ohne Möbel. Außerdem ist sie wirklich zu klein für all diese Leute, die er noch am Hals hat. Gibt's noch etwas anderes?«

»Nun, warte einen Augenblick. Ich habe hier eine Nachricht … Ja, hier ist etwas. Von einem Amerikaner, glaube ich. Das Haus ist ziemlich teuer, aber es ist alles vorhanden. Der Besitzer stellt sogar einen Wagen zur Verfügung.«

Ich sagte, das höre sich wunderbar an. »Macht es ihm etwas aus, wenn es ein Chinese ist? Du weißt, wie manche Leute sind – selbst meine Vermieterin …«

Ruth sagte: »Ach, natürlich. Daran denke ich nie. Ich rufe ihn eben an. Es wäre mir unangenehm, die Gefühle dieses süßen Schätzchens zu verletzen. Warte, ich rufe gleich zurück.«

Heh-ven verfolgte leicht lächelnd das Gespräch und wandte sich seinem Portrait zu. »Kaum wert, fertig zu zeichnen«, sagte er.

Ruth rief zurück und erklärte, der Amerikaner hätte nichts gegen einen Chinesen, und gab mir die Telefonnummer. Sie nannte mir auch die Adresse, die Gegend, das Autokennzeichen und verschiedene andere Einzelheiten. Sie ist eine richtig tüchtige Geschäftsfrau. Ich wiederholte alles sorgfältig, wobei ich Heh-ven aus den Augenwinkeln im Blick hatte, der eifrig strichelte. Ich dankte ihr und legte den Hörer auf.

»Hast du alles?«, fragte ich gut gelaunt.

»Hm, um was geht's? Ich habe die Füße fertig gezeichnet«, sagte Heh-ven. »Oh, die Angaben. Welche Angaben?«

Ich wiederholte alles, was Ruth gesagt hatte, noch einmal, dann schickte ich ihn fort. »Nimm' Pei-yu mit! *Sie* macht einen guten Eindruck.«

Später am Tag berichteten sie, das Haus sei nett, ebenso der Amerikaner, aber die Miete betrage zusammen mit dem Wagen und Steuern 220 Dollar.

»Tja«, setzte ich an.

Wir sprachen und sprachen. Es wurde Nachmittag, als Pei-yu plötzlich anfing zu reden.

»Meine Frau sagt«, übersetzte Heh-ven, »wir brauchen kein so großes Haus, wir wollen auch kein so großes Haus.«

»Aber ich dachte ...«

»Meine Frau meint, wir würden zu viele Hausangestellte benötigen, um dieses Haus zu unterhalten. Sie meint, wir sollten sparen.«

»Aber ich dachte ...«

»Meine Frau ist der Ansicht, dass wir einige der Hausangestellten entlassen müssen. Ich glaube«, sagte Heh-ven, indem er entschlossen aufstand, »dass sie vielleicht Recht hat. Wir müssen nach Möglichkeit versuchen, diese kleine Villa in Verdun Terrace zu bekommen. Doch das ist alles nicht so wichtig, wir haben keine Eile.«

Er studierte sein aus der Erinnerung gezeichnetes Selbstportrait mit einer gewissen Befriedigung und überreichte es mir.

»Möchtest du es haben? Es ist gar nicht so schlecht geworden ... Vielen Dank für das Essen. Morgen gibt es sicherlich noch weitere Wohnungsangebote, nicht wahr? Vielleicht nehmen wir das Haus des Amerikaners, wenn wir das in Verdun Terrace nicht bekommen, obwohl es sich zu dicht an der Jiaotong-Universität befindet. Und natürlich, falls wir das Haus des südamerikanischen Konsuls nehmen, könnte er uns helfen mein Eigentum wiederzubekommen. Falls nicht inzwischen alles verbrannt oder zerstört worden ist. Aber das Haus in Verdun Terrace wiederum ist sehr preiswert.«

Pei-yu ergriff ihr weißes Perlentäschchen und lächelte mich an. Beide gingen zur Tür.

»Vielleicht war dieser Krieg gut für mich«, fuhr Heh-ven nachdenklich fort. »Falls der Südamerikaner meine Sachen nicht von den Japanern holen kann, werde ich jemand anderen fragen. Eine gute Idee. Kennst du andere Südamerikaner? Ach übrigens, mir fällt gerade ein, dass ich einige Monate keine Miete gezahlt habe. Jetzt werde ich es auch nicht mehr, oder? Und außerdem, all dieser alte Kram, die Bilder und diese Sachen … Ja, ich weiß, sie waren unbezahlbar. Doch letztes Jahr, als ich das Geld so dringend brauchte, konnte ich sie nicht verkaufen. Sie haben mir letztlich nichts genützt. Vielleicht komme ich morgen bei dir vorbei.«

Sie standen am Hauseingang. »Wir können noch weiter suchen«, sagte Heh-ven. »Ich glaube, morgen gibt es bestimmt noch weitere Anzeigen. Vielleicht sollten wir doch Verdun Terrace nehmen, falls es noch nicht jemand anderes genommen hat. Es ist so preiswert, aber zu klein. Einige von uns könnten vielleicht bei meiner Schwester bleiben – die Hausangestellten und solche Leute. Dann wäre meine Schwester auch zufrieden.«

Als sie den Garten betraten, ging sein Blick automatisch zum Himmel. In diesen Tagen verhielten wir uns alle so.

»Ach«, sagte er plötzlich, »vielleicht hat es keinen Sinn, es morgen zu versuchen. Mir ist gerade eingefallen, dass morgen Konfuzius' Geburtstag ist. Chinesen arbeiten nicht gern an Konfuzius' Geburtstag. Und schließlich haben wir noch jede Menge Zeit«, fuhr er fort.

Dann schlenderten sie davon.

# Mr. Mills

## 米尔茨先生

An dem Morgen, an dem der Brief ankam, entfloh der kleinere Gibbon, als der Hausdiener gerade dabei war, den Käfig auf der Veranda zu reinigen. Er war an mir vorbeigehuscht und hatte das Weite gesucht, wobei er die Arme in seiner üblichen lächerlichen Art angewinkelt an den Körper drückte und »Iek, iek« kreischte. Ich musste im Bademantel und in Pantoffeln nach draußen gehen und ihn mit einer Banane locken, bis er jammernd hinter mir her rannte und mit seinen langen Armen meine Fußknöchel umklammerte. Während halb Hongkong neugierig aus den Fenstern guckte, gab ich ihm die Banane und brachte ihn ins Haus zurück. Es war relativ einfach gewesen, ihn einzufangen, wenn man berücksichtigt, dass es mit Junior nie einfach ist. Mit dem Großen, mit Mr. Mills, ist alles noch weitaus schwieriger und aufregender. Wenn Mr. Mills entwischt, kann man nichts weiter machen, als tief durchzuatmen und alles Weitere abzuwarten. Im Allgemeinen klettert er irgendeine Wand hoch und schlüpft durch ein offenes Fenster. Nach einer Schrecksekunde ist ein furchtbares Kreischen und Krachen oder beides gleichzeitig zu hören. Dann klettert er mit einem gedankenvoll ausgestoßenem »Uk, uk« aus dem Fenster, um weiter oben durch das nächste Fenster zu klettern. Er wiederholt diese Vorstellung so lange, bis er müde ist und jeder Hund in der Nachbarschaft wie verrückt bellt. Erst dann lässt er sich vielleicht dazu herab, nach Hause zurückzukehren.

Der Brief erreichte mich in dem Moment, als ich gerade draußen war, um Junior einzufangen. Es war nicht völlig unerwartet, dennoch traf es mich wie ein Blitz aus heiterem Himmel. »Man hat uns davon in Kenntnis gesetzt, dass auf der Veranda in der o.g. Wohnung zwei Affen gehalten werden ... über verschiedene Fälle, in denen die Affen entflohen sind ... andere Bewohner sich darüber beschwert haben ... hinzu kommt, dass von der Veranda ein – vorsichtig ausgedrückt – unangenehmer Geruch ausgeht ... gemäß den Bedingungen Ihres Mietvertrages ... werden Sie hiermit aufgefordert, diese Tiere abzuschaffen, andernfalls ...«

Also das Übliche. Ich seufzte und starrte auf die herrliche grüne Landschaft ringsum: Palmen, Blumenkübel auf den Treppenstufen, die den Hang hinab führen, blauer Himmel und Sonnenlicht, das auf den Wellen tanzt. Hinter dem Maschendrahtzaun jagten sich die Gibbons glücklich und zufrieden von der Sitzstange zur Schaukel und von der Schaukel zur Sitzstange. Sie sahen gesund und kräftig aus, meine Gibbons; nach der verschmutzten Luft in Shanghai bekam ihnen das Hongkonger Leben gut. Auch mir tat Hongkong gut. Ich liebte meine Wohnung am Hang. Wenn Mr. Mills, Junior und ich gezwungen sein sollten umzuziehen, hieße das vermutlich: eine schlechtere Wohnung irgendwo im Stadtviertel von Kowloon jenseits des Hafens – ein unbequemer und teurer Umzug sowie vermutlich vergeudete Zeit und Mühe. Unsere glücklichen und friedlichen Tage waren sowieso gezählt, denn jeden

Tag konnte es mit den Japanern Schwierigkeiten geben. Ich seufzte erneut und ging zum Telefon.

Miss Maisie Mei, die Stenografin des Prudential Wohnkomplexes, hat die Angewohnheit mich jeden Morgen um dieselbe Zeit anzurufen. Durch diese morgendlichen Gespräche bin ich über beinahe alles informiert, was in Hongkong passiert. Sie weiß alles und sie gehört einem weitverzweigten geheimen Sekretärinnen-Netzwerk an. Sie kennt die Chinesen, die Eurasier und die Portugiesen, die in dieser Stadt den Ton angeben, und auch die paar versprengten Amerikaner und Briten, die das von sich meinen. Sie ist nützlich. Nur weil Maisies Cousine in einem Schönheitssalon arbeitet, frisiert man mir meine Haare 50 Cent billiger als den anderen Kunden, und einige Leute behandeln mich aufgrund meiner Bekanntschaft mit Maisie äußerst zuvorkommend. Ich wiederum bin ausgesprochen höflich ihr gegenüber. Sie ist eine Persönlichkeit, die man respektieren muss.

»Du hast also Ärger wegen deiner Affen«, begrüßte sie mich am Telefon.

Es überrascht mich nie, dass Maisie über alles Bescheid weiß. »Es sind keine Affen, sondern Gibbons. Ja, ich habe Ärger«, war alles, was ich sagte.

»Ich weiß. Susie arbeitet für Mr. Johnson, der im Obergeschoss wohnt. Und er kennt den Mieter, der sich über den Großen beschwert hat. Dieser Mann hat der Hausverwaltung mitgeteilt, dass er keine Miete mehr zahlen wird, wenn du dich nicht von diesen Tieren trennst. Daher hat er eine Kopie dieses Schreibens erhalten, das du heute bekommen hast. Susie hat den Brief gelesen, weil er ihn an Mr. Johnson weitergeleitet hat, damit er sieht, wie schnell etwas unternommen wird, wenn er darauf dringt. Ich habe dich gestern Abend angerufen, um dich zu warnen, aber du warst im Hotel Hongkong tanzen. Margie hat dich dort gesehen. Wer war der Mann, mit dem du getanzt hast, kurz bevor ›God save the King‹ angestimmt wurde? Ich vermute, es war Tom, mit dem du zu Abend gegessen hast. Aber wer war der andere Mann? Margie meint, er war groß gewachsen und trug eine Uniform – sie meint Kriegsmarine – und er hatte einen roten Schnurrbart. Margie sagt, er sah blendend aus.«

»Er heißt Smithers, glaube ich. Ja, Kriegsmarine.«

»Margie sagt, das neue Kleid steht dir ausgezeichnet«, fuhr Maisie fort, »und sie hofft, du hast nicht den vollen Preis bezahlt, weil es noch von der letzten Saison ist. Nun, was hast du vor wegen der Affen – ausziehen?«

»Gibbons«, wiederholte ich. »Nein, ich überlege noch, was ich machen soll.«

Ich beantwortete das Schreiben am gleichen Nachmittag. »Bezugnehmend auf Ihr Schreiben vom …«, fing ich an – in einem flotten, geschäftsmäßigen Stil, wie ich annahm. »Es handelt sich nicht um Affen sondern um Gibbons. Gibbons sind Menschenaffen ohne Schwanz. Sie sind ausgesprochen freundlich und gutmütig. Von der Veranda geht keinerlei Geruchsbelästigung aus. Sie wird jeden Tag mit Lysol gereinigt. Wenn es sich bei dem Mieter, der sich beschwert hat, um denjenigen handelt, dem der größere Gibbon letzten Samstag einen Besuch abgestattet hat, dann teilen Sie ihm bitte mit, dass seine Veranda nach Zwiebeln riecht – mit meinen besten Empfehlungen. Das habe ich festgestellt, als ich dort war, um meinen Gibbon wieder einzufangen.«

Nachdem ich den Brief abgeschickt hatte, fühlte ich mich besser. Man hatte meine Gefühle verletzt. Mr. Mills hatte nicht etwa jemanden gebissen, wie ich Maisie am Telefon erklärte, er hatte lediglich Essensreste von einem Tisch stibitzt.

»Ich dachte, Engländer wären tierlieb«, sagte ich grollend.

»Nun«, meinte Maisie, »ich glaube, der Typ von der Hausverwaltung ist ein Chinese. Susie sagt, er heißt Wong. Guck' doch noch mal auf die Unterschrift auf dem Schreiben.«

Natürlich hatte Susie recht. Ein Mr. Wong hatte unterschrieben. Und Mr. Wong war offenbar über meinen Brief etwas irritiert, denn er beantwortete ihn eine Woche lang nicht. Ich nutzte diese Zeit und spielte mit den Gibbons auf der Veranda, meinen Blick auf das Festland gerichtet, wo die Japaner Manöver durchführten. Nach einem Aufschub von einer Woche antwortete Mr. Wong auf ziemlich unfreundliche Weise. Ich müsse mich von meinen Gibbons trennen, anderenfalls … Offenbar war Mr. Wong meinen Argumenten gegenüber nicht zugänglich. Voller Verzweiflung rief ich Maisie an.

»Na ja, er ist nicht der Boss«, meinte sie gelassen. »Warum sprichst du nicht einfach mit dem Chef persönlich? Noch schlimmer kann es nicht werden.«

Ich weiß nicht, weshalb ich diesem einfachen und vernünftigen Plan nicht folgte. Ich kann nur sagen, dass ich sechs Jahre lang in China gelebt hatte, wo man nie den einfachsten Weg wählt.

»Dieser Mr. Wong«, sagte ich, »was weißt du über ihn? Wer ist er?«

Für ihre Verhältnisse wusste Maisie nicht viel. »Das ist ein komischer Typ. Er interessiert sich nicht fürs Tanzen gehen oder Shows oder so. Er ist verheiratet. Aber es heißt, seine Frau halte sich in Shanghai auf. Im Büro ist er beliebt, weil er fleißig ist. Und jetzt fällt mir ein, dass jemand gesagt hat, er sei Mitglied im Reitclub von Kowloon. Tut mir leid, das ist alles, was ich weiß. Aber ich werde den Sekretär des Clubs anrufen und melde mich, sobald ich mehr in Erfahrung gebracht habe.«

Ich übte mich in Geduld. Und ich vereitelte einen wirklich gut geplanten Versuch von Mr. Mills aus seinem Käfig auszubrechen. Anstatt wie üblich auf seiner Stange zu sitzen, wenn es dunkel wird, lauerte er an dem Abend hinter der Tür seines Käfigs. Als ich die Tür öffnete, sprang er mit einem Satz zwischen meine Beine, so dass ich stürzte und auf ihn fiel. Nach einem kurzen Gerangel gewann ich die Oberhand und konnte ihn wieder in seinen Käfig zurückstecken. Meine neue Frisur war ruiniert und sein Pullover zerrissen. Doch nach dieser sportlichen Übung fühlten wir uns beide besser.

»Ich kann sie nicht weggeben«, erklärte ich Maisie, als sie zurückrief. »Ich weiß, es ist dumm von mir. Solange sie hier bei mir sind, werde ich zwar nichts anderes machen als mit ihnen zu spielen. Jeder denkt, ich sei verrückt geworden, und der Oberst, der auf der anderen Straßenseite wohnt, beobachtet mich den ganzen Tag durch sein Fernglas. Aber ich kann sie wirklich nicht aufgeben. Entweder man hat Gibbons im Blut oder nicht.«

»Nun, ich wünschte, du hättest eine weniger ausgefallene Leidenschaft«, meinte Maisie düster. »Dieser Herr Wong ist eine harte Nuss. Der Sekretär hat mir erzählt, dass seine einzige Schwäche Frauen sind. Du könntest dich wohl nicht in Schale werfen und bei ihm vorbeigehen?«

»Bin ich dafür nicht schon ein bisschen zu alt, Maisie?«

Maisie stimmte mir zu. »Außerdem«, fuhr sie fort, »ist er ziemlich fest mit einer Nachtclubtänzerin liiert, einem Mädchen aus Shanghai. Der Club-Sekretär ist der Meinung, sie sei ganz große Klasse. Eine Dolly Kwok oder so ähnlich. Hm, na ja, bis dann.«

»Halt, warte mal. Hast du Dolly Kwok gesagt?«

»Ja«, antwortete Maisie. »Dolly Kwok. Sie arbeitet auch manchmal beim Film. Warum, kennst du sie etwa?«

Ich kannte Dolly. Ein in sie vernarrter Student hatte sie – ehe wir alle vor den Japanern fliehen mussten – zum Tee in meine Shanghaier Wohnung mitgebracht. Ich erinnerte mich ziemlich gut an sie, wie sie artig lächelnd und schüchtern in meinem Wohnzimmer gesessen, verständnislos unserer in Englisch geführten Unterhaltung zugehört und dabei die Wände und Möbel ringsum angestarrt hatte.

Ich musste einfach nur bei Dolly vorbeischauen. Maisie wusste nicht, wo sie wohnte. Doch nachdem sie ein bisschen herumtelefoniert hatte, bekam ich die Adresse. Eigentlich hätte ich nun Dolly aufsuchen müssen. Ich will mich nicht herausreden, weshalb ich es nicht tat. Ich kann nur sagen, dass ich stattdessen Mrs. Yee anrief. Mrs. Yee hat einen Gatten namens Bobby, den sie stets folgendermaßen vorstellt: »Das ist mein Mann Bobby, Bobby ist ein Playboy.«

Bobby ist tatsächlich ein Playboy und das ist der Grund, weshalb ich Mrs. Yee besuchte. Nach sechs Jahren in China funktionierte ich so. Ich wartete, bis Mrs. Yee den Raum verlassen hatte, dann sagte ich: »Bobby, kennen Sie ein Mädchen namens Dolly Kwok?«

Bobby blickte angestrengt über seine Schulter zurück, ehe er antwortete: »Ja«, sagte er. »Ich kannte sie. Vor einiger Zeit. Sie wissen schon … Warum?«

Ich erklärte es ihm. Da er Chinese war, fand Bobby meine indirekte Vorgehensweise nicht im Geringsten merkwürdig; er hörte zu und nickte verständnisvoll.

»Ja, ich kann mit ihr reden, wenn Sie wollen«, sagte er, »aber ich sage Ihnen, es ist lange her, dass wir uns näher kannten. In meinem Büro gibt es aber einen Mann, der sie besser kennt. Ein Typ namens Liang. Ich überlasse es ihm, die Angelegenheit zu regeln. Seien Sie nicht besorgt, ich kläre das mit Liang. Es macht mir keine Umstände.«

Während dieses Gesprächs war Mrs. Yee zurückgekommen. »Um was es sich auch immer handelt, Bobby wird es regeln«, sagte sie und tätschelte dabei meinen Arm. »Bobby ist effizient; er ist auf eine amerikanische Schule gegangen. Alle Amerikaner sind effizient, so wie Sie.« Auf dem Heimweg dachte ich über diese freundliche Bemerkung nach. Effizient? Auf eine verrückte Art und Weise war ich tatsächlich effizient gewesen.

Ein Rädchen griff in das andere und schon nach kurzer Zeit – weniger als zwei Wochen, um genau zu sein, in denen es mir gelang, die Gibbons in ihren Käfigen zu halten – erstattete mir Bobby Bericht. Er hatte mit Mr. Liang gesprochen. Dieser war zu Dolly Kwok gegangen, um mit ihr zu sprechen. Dolly Kwok hatte dann mit Mr. Wong geredet. Ich weiß nicht genau, was sie gesagt hatte, aber Mr. Wong hatte zu Dolly gesagt – die daraufhin mit Mr. Liang geredet hatte, der wiederum mit Bobby gesprochen hatte und dieser es mir gesagt hatte – soweit es Mr. Wong beträfe, könnte ich so viele Gibbons halten, wie ich wollte.

»Wenn sie das mit dem Nachbarn regeln kann, der sich beklagt hat,«, wurde Mr. Wong zitiert. Er sei bereit, alles zu vergessen.

Das ist nun also der gegenwärtige Stand der Dinge, auch wenn die Angelegenheit noch längst nicht beendet ist. Ich habe Maisie darauf angesetzt, sich um den Mieter – seinen Namen, finanzielle Situation, Lieblingssport, einfach alles – zu kümmern. In der Zwischenzeit spiele ich glücklich und zufrieden mit meinen Gibbons. Ich finde, dass ich absolut meisterlich mit dieser Angelegenheit umgehe. Natürlich, falls ich jemals nach Amerika zurückgehen und dort leben müsste ... Doch selbst dann könnte ich mich anpassen. Die Gibbons könnten es in jedem Fall.

# Als der Frieden nach Shanghai kam

## 当和平来到上海

Nachdem sich der Krieg unter lautem Getöse in den Nordwesten des Landes verzogen hatte, befanden wir in unserer selbstgefälligen Überheblichkeit, dass es so auch in Ordnung sei. Schließlich hätten wir unseren Anteil am Krieg bereits gehabt. Nun wurde es ruhiger, auch wenn längst nicht alles vorbei war. Einige Leute begaben sich eilig auf den Weg in ihre Heimat, um sich dort mit Amateurfilmchen über die nächtlichen Brände im Stadtviertel Nantao, mit Vortragsreisen oder mit Interviews für irgendwelche Lokalblätter ihre öde Existenz zu sichern. Die meisten von uns waren jedoch in Shanghai geblieben. Natürlich waren die Zeiten hart, doch selbst harte Zeiten in Shanghai sind im Vergleich zu den alten Zeiten in Berlin, Lyon oder Columbus, Ohio, noch recht angenehm. Wir verzichteten einfach darauf, noch einen Hausangestellten einzustellen, und die jungen Männer gaben eine Weile das Polospiel auf, aber ansonsten arbeiteten alle in demselben gemächlichen Tempo weiter wie bisher.

Es gab allerhand Geschichten darüber, was während der letzten Wochen zwischen den Japanern und den Vertretern unserer Länder verhandelt worden war. Zum Beispiel die Geschichte von dem japanischen Admiral, der den französischen Marinegeneral angeblich gebeten hatte, sein Kriegsschiff vom Anlegeplatz am Fluss zu verlegen, um es vor Feuergefechten oder Bombenangriffen zu schützen. Der Franzose hatte bereitwillig zugestimmt, jedoch hinzugefügt: »Nur unter einer Bedingung.«

»Und welche wäre das?«

»Dass Sie mir ein Schiff zur Verfügung stellen«, hatte der Gallier geantwortet, »das groß genug ist, um mit der gesamten Französischen Konzession im Schlepptau den Fluss abwärts zu fahren.«

Bei einem anderen Treffen aller Admirale aus dem Westen wurde darüber diskutiert, was mit dem amerikanischen Kreuzer »Augusta« und den anderen Schiffen passieren sollte. Der britische Admiral erklärte: »Das Beste wird sein, wenn wir uns den diplomatischen Gepflogenheiten entsprechend verhalten, meinen Sie nicht auch? Selbst wenn sich eines ihrer dummen kleinen Flugzeuge zufällig über unseren Köpfen befinden sollte, sollten wir es besser – nun ja – auf diplomatische Art und Weise ignorieren.«

Der Amerikaner wiederum meinte: »Sollten sie das nächste Mal die ›Augusta‹ überfliegen, werde ich auf deren Admiralität warten und aufs Heftigste protestieren.«

Der französische Admiral sprang ungehalten auf und wetterte: »Sollte einer dieser Flieger es auch nur wagen, in die Nähe meines Schiffes zu kommen, lasse ich unsere Geschütze in alle Himmelsrichtungen feuern.«

Nach den aufregenden Zeiten zuvor wäre das Leben ziemlich langweilig gewesen, hätte es nicht diese fantastischen Gerüchte gegeben, die in der ganzen Stadt herumschwirrten. Zunächst fanden wir die Geschichten amüsant, doch als sich die von der Presse als terroristisch bezeichneten Ereignisse häuften, wurden die Polizeikräfte der Shanghaier Stadtverwaltung und der Französischen Niederlassung, die hauptsächlich für die öffentliche Ordnung und Sicherheit die Verantwortung trugen, wütend; auch uns beschäftigte es. Mehrfach wurden japanische Unternehmen mit Handgranaten angegriffen und auf den Straßen fand man immer wieder Leichen, manche ohne Kopf, dann wieder nur die abgetrennten Köpfe. Stets wurde behauptet, es handele sich um Japaner oder Chinesen in japanischen Diensten. Die Japaner vertraten die Ansicht, dass sich sogenannte chinesische Patrioten – unter dem Schutz der ausländischen Nationen – dieser hinterhältigen und feigen Methode bedienten, um den Feind zu verunsichern. Jedesmal wenn sich Derartiges ereignete, stießen die japanischen Gesandten mit düsterem Gesicht kryptische Drohungen aus. Wir Amerikaner waren mehr oder weniger gleichgültig, da wir uns nie damit hatten auseinandersetzen müssen, dass unser Land auf einen Schlag besetzt werden könnte. Doch nun wurde uns diese Gefahr wieder bewusst. Es gab Schlimmeres als sonntags nicht mit dem Auto nach Minhang oder Hangzhou fahren zu können. Es gab Schlimmeres auf der Welt als mit dem Wagen von rücksichtslosen Japanern abgedrängt zu werden, die dann in rasendem Tempo in die Sicherheit des Stadtviertels Hongkew davonfuhren. Sie könnten mehr verlangen, sie könnten sich noch mehr herausnehmen.

Niemand wollte darauf wetten, inwieweit unsere Regierungen uns beistehen würden. Die Leute waren damit beschäftigt fieberhaft zusammenzurechnen, wie viel Kapital ihr Heimatland in China eingesetzt hatte und zu überlegen, ob diese Summe den Widerstand gegenüber einer japanischen Aggression wert war. Und, warum um Gottes

Willen, hatten wir nicht mehr Truppen? Auf der täglichen Pressekonferenz, bei der gelangweilte Auslandskorrespondenten einem redegewandten japanischen Pressesprecher und seiner wohlklingenden Propaganda lauschten, wurde die Situation immer angespannter. Man hielt die Konferenz für einen lästigen Scherz und hatte dem Pressesprecher noch Weihnachten 1937 eine sorgfältig in Papier eingewickelte Wurst überreicht. Jetzt nahmen militärisch aussehende Herren an den Treffen teil, die auch bereit waren Fragen zu beantworten und deren Antworten nach und nach immer eindeutiger wurden. Breit lächelnd erklärten sie, dass Japan in Shanghai beabsichtige, das zu tun, was ihrer Expansionspolitik am nützlichsten sei. Die anderen Nationen müssten begreifen, dass sich die Situation in Shanghai gewandelt habe. Die alten Zeiten, als Frankreich sein Souveränitätsrecht vom nun zurückgebliebenen China erworben hatte, wären vorbei.

Jetzt gab es zunehmend Prügelattacken. Japanische Wachsoldaten hatten offenbar plötzlich ihre Leidenschaft für das Austeilen von Schlägen entdeckt. Als eine Engländerin die Garden Bridge auf der, nach den ungeschriebenen japanischen Gesetzen, falschen Straßenseite überquerte, griff sie ein Wachsoldat am Arm, zog sie auf die andere Seite hinüber und verpasste ihr eine Ohrfeige. Die Frau machte Meldung beim Britischen Konsulat, das Protest einlegte. Am nächsten Tag wollte sie wohlweislich eine andere Brücke überqueren und lief unabsichtlich durch eine Lücke, die ohne erkennbaren Grund für die Rikschafahrer reserviert war. Wieder wurde sie geschlagen und wieder meldete sie den Vorfall dem Britischen Konsulat, das erneut Einspruch erhob. Der amerikanische Vizekonsul in Nanking wiederum wurde geschlagen, als er versuchte sein Büro zu betreten. Ein älterer Brite aus Shanghai, ein Naturliebhaber, kam bei seinem Spaziergang dem militärischen Sperrgebiet zu nah. Daraufhin wurde er verhaftet und mehrfach mit einem Bajonett, wenn auch nicht sehr tief, in den Rücken gestochen, ehe man ihn wieder frei ließ. Außerdem war er von den Soldaten, die ihn verhaftet hatten, mehrfach ins Gesicht geschlagen worden. Auch Touristen in Peiping, die sich gegenüber den Einheimischen nicht ungehöriger als Touristen generell verhielten, wurden immer wieder attackiert. Diese Praxis betraf normalerweise die Staatsangehörigen nicht-faschistischer Länder. Manchmal allerdings machten die Japaner Fehler, wenn sie Deutsche oder Italiener nicht erkannten.

Angesichts der ungeklärten Verhältnisse konnten die ausländischen Botschaften und Konsulate nichts weiter tun als sich in Geduld zu üben. Als der erste Jahrestag des Kriegsbeginns näher rückte, erwartete man gewalttätige Demonstrationen patriotischer Chinesen. Vergebens versuchten die Zeitungen der chinesischen Gemeinde vorzuwerfen, sie genieße schließlich unseren Schutz und solle sich uns gegenüber daher friedlich verhalten. Die meisten Chinesen waren längst zu der Einsicht gelangt, dass Shanghai trotz allem letztlich zu China gehöre und dass die Ausländer, indem sie dem Land Hilfe verweigerten, diesen Anspruch verwirkt hätten. – Ein sehr pragmatisch denkendes Volk, die Chinesen.

Als der Jahrestag also näher rückte, trafen Polizei und Stadtregierung besondere Vorsichtsmaßnahmen. Sie ließen fast alle Straßenzüge zwischen der Französischen Konzession und der Internationalen Zone durch Stacheldrahtzäune sichern. Während das Französische Gebiet von der französischen Polizei kontrolliert wurde, wurde die Internationale Niederlassung von einem Gemeinderat verwaltet, in dem mehrere Nationen einschließlich Großbritannien, den USA, Deutschland und sogar Japan vertreten waren. Jeder, der diese Grenzen passierte, konnte durchsucht werden und Chinesen wurden immer von oben bis unten nach Waffen und Sprengstoff abgetastet. Verdächtig aussehende Ausländer wurden ebenfalls kontrolliert. Obwohl sich General Tschiang Kai-schek angeblich mit den Kommunisten verbrüdert hatte, war die Polizei der Meinung, dass man bei den Roten ja nie sicher sein könne. Selbst einige Japaner wurden durchsucht, auch wenn sie lautstark protestierten. Ihre Führung erhob ebenfalls Einspruch, doch die Polizei berief sich auf ihre Weisungen.

Der Jahrestag des Kriegsbeginns brach an. Gegen Mittag wurden einige Wagen mit Chinesen beschlagnahmt, weil von dort Flugblätter in die Menschenmenge geworfen worden waren. Beim Anblick der Suchtrupps hatten offenbar einige Leute die Nerven verloren und ihre Waffen weggeworfen; so lagen jetzt Dutzende von Handgranaten auf den Feldern herum. Auch ein paar Waffen schwingende Terroristen wurden gefangen genommen. Am frühen Nachmittag stellte sich dann heraus, dass alle festgenommenen Terroristen entweder Japaner oder Chinesen in japanischen Diensten waren. Sämtliche Ausländer und Chinesen in Shanghai schütteten sich vor Lachen aus, während die Japaner am liebsten vor Scham im Boden versunken wären. In den folgenden fünf Wochen war die Stimmung in der Stadt recht gelassen, auch die japanische Gemeinde war sehr ruhig und von einer japanischen Übernahme war keine Rede mehr. Es war eine angenehme Zeit. Die Nachtclubs hatten Hochkonjunktur.

Dann begann auch in Europa der Krieg. Zuerst machten wir uns keine Gedanken über die Tragweite der Ereignisse in der Tschechoslowakei. Wir waren gut gelaunt und fanden, dass das gute alte Shanghai genau der richtige Platz sei, wenn Europa seine Probleme auf diese Weise regelte. Eine Woche später lasen wir in der Presse, dass der Krieg in Europa auch unsere Sicherheit bedrohte. Da wurden wir plötzlich wach gerüttelt. Es sah nicht gut aus.

Langsam breitete sich Panik aus, die schließlich die ganze Stadt ergriff. Als der US-Dollar und das Pfund Sterling zu fallen begannen, stieg der chinesische Dollar. Doch in dem Moment interessierte sich niemand für den Wechselkurs.

Jeder fragte: »Was denkst du, was die Japaner tun werden?«

Einige hartgesottene Burschen meinten: »Sie werden gar nichts tun. Warum sollten sie?« Doch sie logen wie gedruckt und wussten es auch.

Überzeugte Realisten erklärten es auf ihre Weise: »Das erste, was sie wollen, wird die vollständige Kontrolle über das Französische Konzessionsgebiet sein. Japan wird sich natürlich mit Deutschland zusammenschließen, und das bedeutet Japan gegen Frankreich. Die Japsen haben bereits die Internationale Niederlassung dort, wo sie sie haben wollen. Uns wird man alle internieren.«

Die unglücklichen Chinesen, die sich in allen Winkeln und Ecken an die Sicherheit der Französischen Konzession klammerten, packten wieder einmal, zum x-ten Mal, ihre kleinen Bündel, nahmen ihre Kinder auf den Arm und zogen in einer endlosen Schlange in die Internationale Niederlassung zurück. Zumindest waren dort zwei britische Regimenter – die Seaforth Highlanders und die Durhams – stationiert, außerdem seit langem die US-Marine. Die würden sie nicht im Stich lassen, dachten sie.

Die Franzosen zogen ohne großes Aufheben oder Kopfzerbrechen weitere Stacheldrahtabsperrungen um ihre Niederlassung und verstärkten ihre Wachen. Selbst in den Zeiten größter Feindseligkeiten hatte es keine derart wirkungsvollen Schutzmaßnahmen gegeben. Nichts hätte uns lebhafter daran erinnern können, dass noch andere Gefahren außer der japanischen Besetzung auf uns warteten. In der Umgebung der Stadt waren chinesische Guerillakämpfer, von denen einige direkt von Hankou aus agierten, andere wiederum verhielten sich schlicht wie Banditen, was sie vorher auch gewesen waren. Wir erinnerten uns, dass es für die Chinesen keinen besonderen Grund gab, sich den Ausländern gegenüber loyal zu verhalten.

Während der von uns als Shanghai-Krieg bezeichneten Feindseligkeiten – als Japaner und Chinesen um die Vorherrschaft im Land gekämpft hatten, bis die Japaner die Oberhand gewannen und den chinesischen Teil Shanghais besetzten – hatten wir uns mit der Präsenz britischer Truppen und in geringerem Maße mit der stets anwesenden US-Marine getröstet. Jetzt bemühten wir uns genau so zu denken, doch es sah nicht gut aus, wirklich nicht. Zahlreiche Gerüchte machten uns zu schaffen. Jeden Tag verkündete jemand den neuesten Bericht von Reuters oder einer anderen Nachrichtenagentur, wonach in Zentraleuropa bereits der Krieg ausgerufen sei. Eine große Anzahl der alteingesessenen Ausländer in Shanghai hatte bereits im letzten Weltkrieg gekämpft. Sie gehörten immer noch zur Reserve. Nun holten sie ihre alten Ausrüstungen hervor und warteten auf Telegramme. Bei den Franzosen wurden tatsächlich einige zurückgerufen; sie fuhren per Schiff ab. Kanonenboote, die – nachdem der Krieg sich in den Nordwesten Chinas verschoben hatte – zunächst zurückgekehrt waren, verschwanden über Nacht. Eines nach dem anderen war plötzlich fort, bis wir aufhörten die verschwundenen Schiffe zu zählen.

Die deutsche Gemeinde hielt in ihrer Schule ein Geheimtreffen ab und machte Pläne. Bei dem ersten Anzeichen von Gefahr sollten die deutschen Frauen und Kinder jenseits des Suzhou Creek gebracht werden, wo sie unter dem Schutz der Japaner stehen würden. Für Deutsche und Italiener wäre es relativ sicher.

Ich glaube, wir waren sogar ängstlicher als während der Bombardierungen im Jahr 1937. Doch niemand hörte auf zu arbeiten. Wir verfolgten sowohl unsere alltäglichen Geschäftskonkurrenten als auch die Nachrichten aus Europa. Wir arbeiteten fieberhaft, stritten über Verträge, packten Schrankkoffer, zählten das Geld, riefen die Pressestelle wegen der jüngsten Meldungen an und verlangten lautstark nach mehr Arbeit im Büro, das in der nächsten Woche vielleicht geschlossen sein würde.

Unsere Gespräche verliefen wohl ähnlich wie in allen Teilen der Welt.

»Das darf nicht noch einmal passieren.«

»Es gibt keinen anderen Ausweg.«

»Besser jetzt, solange es noch nicht zu spät ist.«

»Krieg führen, um den Krieg zu beenden.«

»Das haben sie das letzte Mal auch gesagt.«

Doch wir hatten auch unsere ganz eigenen Themen. Wir schlossen Wetten darüber ab, wo man uns internieren würde – in unseren eigenen Häusern oder in Konzentrationslagern in Japan? Shanghai war auf eine besondere Weise international, mit einer langjährigen kosmopolitischen Geschichte. Es gab eine Generation in Shanghai geborener Bewohner, die allesamt Pässe aus Europa oder den USA besaßen. Deutsche Jugendliche, die in der Französischen Konzession aufgewachsen waren, französisch sprachen und sich in ihrem ganzen Denken und Verhalten wie Franzosen verhielten, meinten nun, sich ihre Anweisungen aus Berlin holen zu müssen. Eurasier mussten sich bereithalten, für England zu kämpfen, ein Land, das sie auf Grund ihrer Erfahrung lebenslanger Diskriminierung hassten. Italiener standen vor einem besonderen Dilemma: Viele Mitglieder der italienischen Gemeinde in Shanghai waren Juden, denen man plötzlich ihre italienische Staatsbürgerschaft aberkannt hatte. Angehörige unterschiedlicher Nationen hatten ihre Kinder bisher auf gemeinsame Schulen geschickt. Was sollte jetzt werden? Dann gab es noch österreichische Iraker, die bisher mit chinesischen Pässen gereist waren. Was sollte mit ihnen passieren? Dazwischen warteten stumm chinesische Flüchtlinge und fragten sich, in welche Richtung sie dieses Mal fliehen sollten. Schließlich hörten wir alle auf hin- und herzuziehen. Wir warteten still auf eine endgültige Entscheidung. Nichts war sicher und außerdem war es inzwischen zu spät, um per Schiff abzureisen. Es gab nur einen Trost: Noch waren die britischen Truppen und die Marine da.

Eines Morgens marschierten dann die Seaforths gegen zehn Uhr nach Yangzipu aufs Schiff und fuhren in Richtung Hongkong. Es geschah, bevor die meisten von uns etwas davon erfuhren. Einige Leute hatten sie vorbeimarschieren sehen, doch hatte es niemand glauben wollen, bis es in den Zeitungen stand. Es wurde lediglich knapp gemeldet, dass die Seaforths »zu einem Manöver« nach Hongkong beordert worden seien.

Doch was war mit uns? Die Briten waren zu sehr Patrioten, um diese Frage laut zu stellen. Zuerst überließen sie sich ihrer Verzweiflung. Kein Gerücht war dumm genug, um nicht wiederholt zu werden. Danach erinnerte man sich gegenseitig daran, dass es ja immer noch die Durhams und die Marine gab. Die Marine war schließlich immer da gewesen. Ja, natürlich – die Marine! Auch gute Jungs, die sich jederzeit während der Feindseligkeiten behauptet hatten. Vielleicht gab es eine geheime Vereinbarung, dass die USA die englischen Truppen übernehmen sollten. Das könnte es sein, natürlich!

Wir machten weiterhin unsere Büroarbeit, gingen abends ins Kino oder in den Nachtclub, zu nervös, um zu Hause herumzusitzen und zu grübeln. Wir stellten fest, dass man nirgends mehr Japaner entdeckte, sprachen jedoch nicht darüber. Wo auch immer wir in diesen Tagen hingingen und was auch immer wir taten, wir verloren nie das Gebiet jenseits des Suzhou Creek aus den Augen. Was wurde dort geplant? Danach, Sie erinnern sich bestimmt, entwickelten sich die Dinge in Europa äußerst rasch. Chamberlains erste Reise brach den Bann und die Erleichterung war so riesig, dass fast eine Stunde verging, bis die Ewiggestrigen zu murren anfingen: »Er hat uns im Stich gelassen.«

»Ein riesiger Gesichtsverlust für England.«

»Wir hätten es zu Ende bringen müssen.«

In der Bar des Shanghai Club war es eine Zeit lang ruhig, doch nie wirklich leer gewesen. Jetzt wurde heftig diskutiert und gleichzeitig nach Whisky gerufen, und nach noch mehr Whisky. Ein Seufzer der Erleichterung ging durch die Stadt und wurde wie von einer Windböe in den Herbsthimmel geweht. Der Shanghai-Dollar sank wieder auf seinen normalen Wert. Kriegsveteranen fragten sich, ob sie nach allem nicht doch ein bisschen enttäuscht sein müssten. Die Leute erneuerten ihre Verträge, worauf sie seit einer Woche gewartet hatten.

In Hankou trauerte man. Denn die Chinesen dort hatten gehofft, dass Japan – da die anderen Faschisten in Europa zu beschäftigt waren, um ihnen bei der chinesischen Aufgabe zu helfen – eventuell seinen Feldzug einstellen würde. Alle sympathisierten mit der Tschechoslowakei, deren Schicksal sie mit dem eigenen verglichen. Die reichen Chinesen in Shanghai gratulierten ohne viel Aufhebens ihren ausländischen Bekannten und gingen dann nach Hause, um still im Kreis der Familie zu fluchen. In der ganzen Stadt packten Frauen und Mütter die Schrankkoffer wieder aus, wischten die Tränen aus den Augen, puderten sich die Nase und gingen zu Freunden Bridge spielen. Auf der anderen Seite der Stadt, in Hongkew, verpasste ein amerikanischer Seemann einem Japaner eine Ohrfeige.

Kristine von Soden

**Zur Sommerfrische nach Sylt!**

Halbleinen, 128 Seiten, ISBN 978-3-938740-57-6

Sie kamen in Scharen: Ernst Rowohlt, Emil Nolde, Renée Sintenis, Peter Suhrkamp. Kristine von Soden nimmt uns in ihrem Buch über berühmte Künstler und Literaten mit ins Sylter Inselparadies der 20er bis 60er Jahre. Ein Muss für alle Sylt-Fans!

»Die Schauplätze und die Aufmachung wecken die Leselust auf diesen Band.«          *Kieler Nachrichten*

Beate Borowka-Clausberg

**Damals in Marienbad ...**

Halbleinen, 112 Seiten, ISBN 978-3-938740-87-3

Marienbad war im 19. Jahrhundert ein Treffpunkt von Dichtern, Denkern und Leuten von Welt. Ob nun Goethe, Schnitzler, Hofmannsthal oder Kafka, ob Frédéric Chopin oder Richard Wagner – sie alle ließen sich durch die sprudelnden Heilquellen inspirieren. Selbst die Weltpolitik hielt Einzug im böhmischen Badeort...

Klaus und Erika Mann

**Das Buch von der Riviera**

Halbleinen, 128 Seiten, ISBN 978-3-934703-95-7

1931 war die Côte d'Azur die eleganteste Küste der Welt. Dort trafen sich die Reichen und Schönen, aber auch die Künstler und Bonvivants. Die Geschwister Mann schildern ihre Eindrücke in Cannes, Nizza und Monaco und verraten uns, was nicht im Baedeker steht.

»Eine Liebeserklärung an die französische Mittelmeerküste mit Witz und Esprit erzählt.«          *Wohnen & Garten*

MFK Fisher

**Köstliche Jahre**

Eine Amerikanerin im Herzen Burgunds
Aus dem Amerikanischen von Egbert Hörmann
Deutsche Erstausgabe
204 Seiten, Abbildungen, gebunden mit SU
ISBN 978-3-938740-56-9

Die Erinnerungen der Grande Dame der Reise- und Gourmet-
literatur an die frühen unbeschwerten Jahre in Dijon sind ein au-
thentisches Portrait echter französischer Lebens- und Esskultur
und ein kenntnisreiches, warmherziges Zeit- und Sittengemälde
der 20er und 30er Jahre. Dem Zauber, der Faszination und dem
Charme der französischsten aller Städte Frankreichs kann sich
niemand entziehen.

»Keiner konnte über Essen schreiben wie sie. Sie hat den Ame-
rikanern vermittelt, dass Essen mehr ist als Nahrungsaufnahme,
hat sie mit Leichtigkeit und Eleganz zum Genuss verführt. ...
Man liest ihre Bücher wie Romane, glaubt ihr, weil man ihr glauben möchte: dass das Leben ein Fest ist, ein lauer Sommerabend
mit kühlem Weißwein und guten Freunden, eine Welt, in der es
nur aufmerksame Kellner gibt und viel zu lachen. ... wenn sie
über Schnepfen oder das Liebesleben der Auster schrieb, lieferte
sie keine Rezepte, sondern große Literatur.«
*Susanne Kippenberger, Der Tagesspiegel*

»Ein heiteres Büchlein. Wenn sie über Märkte, Keller, Küchen
und Mahlzeiten schrieb, dann galt ihr Interesse ebenso sehr der
Kultur, der die nahrhaften Substanzen als Zeichen dienten. Ihre
Stärke liegt in der Beschreibung; ihre Bücher sind eine Melange
aus Kochbuch und Länderkunde. Ein Buch, das auf jeder Seite
zum Weiterlesen verführt.«　　　　*Gero von Randow, Die Zeit*

*Bildnachweis*
Die Abbildungen auf den Seiten 2, 20, 21 stammen aus dem
Privatarchiv der Familie von Shao Xunmei; alle anderen Abbil-
dungen aus dem Shanghai History Museum.
Umschlagrückseite: Courtesy of Carola Vecchio


*Bibliografische Information der Deutschen Nationalbibliothek*
Die Deutsche Nationalbibliothek verzeichnet diese Publikation
in der Deutschen Nationalbibliografie; detaillierte bibliografische Daten sind im Internet über http://dnb.d-nb.de abrufbar.



Die hier abgedruckten Texte erschienen zuerst in
*The New Yorker* (© 1937, 1938, 1941 by Emily Hahn)

German Translation © 2009 by edition ebersbach, Berlin
[The Big Smoke, Fräulein Chu, Doktor Baldwin, Fahrt nach
Süden, Einmal Nanking und Retour, Als der Frieden nach
Shanghai kam: © 1937/1938 by Emily Hahn. Published by
arrangement with the original publisher, Seal Press / The
Perseus Publishing Group, New York; Mr. Mills: © 1946
Doubleday, New York; Der weise Chinese, Eine moderne
Chinesin, Der verschwundene Jadering, Shanghai-Flüchtling:
© 1942, Robert Hale Limited, London]


1. Auflage 2009
edition ebersbach, Horstweg 34, 14059 Berlin
www.edition-ebersbach.de
Alle Rechte vorbehalten.

Satz und Umschlaggestaltung: Birgit Cirksena, Berlin
Druck und Bindung: Elbe Druckerei Wittenberg
ISBN 978-3-938740-89-7